醉里挑灯看剑

辛弃疾词传

清轲 ■ 著

航空工业出版社
北京

郁孤台下清江水，中间多少行人泪。
西北望长安，可怜无数山。

红粉暗随流水去，园林渐觉清阴密。
算年年、落尽刺桐花，寒无力。

君莫舞，君不见、玉环飞燕皆尘土！
闲愁最苦！休去倚危栏，斜阳正在，烟柳断肠处。

遇合。事难托。莫系磬门前，荷蒉人过，仰天大笑冠簪落。待说与穷达，不须疑著。古来贤者，进亦乐，退亦乐。

独立苍茫醉不归。日暮天寒，归去来兮。
探梅踏雪几何时。今我来思，杨柳依依。

吴楚地，东南坼。英雄事，曹刘敌。被西风吹尽，了无尘迹。

楼观才成人已去，旌旗未卷头先白。叹人间、哀乐转相寻，今犹昔。

前言

他文韬武略，天纵英才，是开一代词风的伟大词人。他横刀立马，骁勇善战，亦是一名保家卫国的民族英雄。他赤子丹心，爱民如子，深得百姓拥护。他生性刚烈，为官坎坷，在宋廷官员眼中，更是桀骜难驯。他平生以气节自负，以功业自诩，梦想笑驱锋镝，收复中原，却无奈壮志难酬，终成词坛飞将。

坦夫是他，幼安是他，稼轩居士是他。他，便是南宋豪放派爱国词人辛弃疾。

他文能提笔安天下，一生作词无数，流传于世六百余首。在这个四分五裂的乱世中，他化剑为笔，滴血为墨，写下一首首慷慨豪迈的千古佳词。当岳飞歌尽“壮志饥餐胡虏肉，笑谈渴饮匈奴血”时，他也将自己在刀尖上滚过的痕迹，铸成气动山河的悲歌。

血泪之下，有“不恨古人吾不见，恨古人不见吾狂耳”的桀骜不羁，有“少年握槊，气凭陵、酒圣诗豪余事”的万丈豪情，有“想当年，金戈铁马，气吞万里如虎”的征战杀伐，有“醉里挑灯看剑，梦回吹角连营”的壮士难酬，有“郁孤台下清江水，中间多少行人泪”的沉沉低吟，还有“我见青山多妩媚，料青山见我应如是”的知音见采。

他武能上马定乾坤，以壮志凌云书写铁血历史，是名副其实的沙场英雄。二十一岁，他聚众三千揭竿起义，深入敌营手刃叛贼，而后仅率五十余骑，穿越重重防线，摆脱围追堵截，锦襜突骑，渡江南归，书写一段喋血传奇。

南归之后四十余年，他兢兢业业，高举抗金大旗，念念不忘恢复大业。从滁州兴民到讨伐茶寇，从创建飞虎军到备战镇江，他始终秉持着“男儿到死心如铁，看试手，补天裂”的信念，欲要拯救这即将崩塌的时代。然而大厦将倾已成不可挽回之势，历史终究还是辜负了他的豪情。之于临安府的南宋皇廷，他始终是一个“归正人”，不被信任，备受排挤，一度奉命出任，又几番被诬罢官。乱世无常，他犹如棋盘上的一枚棋子，命运从来由不得自己做主。登临赏心亭，也只叹一句：“把吴钩看了，栏杆拍遍，无人会，登临意。”

此一生，辛弃疾念念不忘北上伐金，收复中原。他愿一生戎马，纵横沙场，然而当真正的使命降临时，他却已病入膏肓，无力回天。年近古稀的他满头白发，只能将壮怀激烈的报国雄心化作笔尖的词曲，空留一声“千古兴亡多少事？悠悠，不尽长江滚滚流”的叹息。

本书摘取词中之龙辛弃疾的三十余首代表词章，执笔泼墨，写就关于他的一段段前尘往事。或跌宕起伏，或铁血柔情，或山水清欢，或知音见采，读者翻开此书，旋即重新回到那个战火纷飞的年代，与他一同成长，一同南归，一同在战场上厮杀，一同在山水里烂漫，一同寂灭，而后重生。

目录

第一章　自古英雄出少年

零落凡尘逢乱世　/ 002 /
少年从学气凭陵　/ 010 /
只叹汴京翠华远　/ 017 /
两抵燕京观形势　/ 023 /
起义抗金归南宋　/ 032 /

第二章　南归游宦意难平

侠骨柔情成佳偶　/ 044 /
江阴风雨闲愁极　/ 053 /
两鬓春色洗胡沙　/ 061 /
建康凭吊志难酬　/ 068 /
探梅踏雪芳草萋　/ 075 /

第三章　弹铗高歌心怀民

生路多艰谏衷肠　/ 084 /

众里寻他千百度 / 092 /
滁州兴民办荒政 / 101 /
讨伐茶寇愁难平 / 110 /
雄镇一方飞虎军 / 120 /

第四章　隐居避世赋闲生

受诬罢任功名误 / 132 /
带湖新居径初成 / 138 /
僵卧孤村颇堪哀 / 145 /
酒社诗坛寻功名 / 153 /
半世识尽愁滋味 / 161 /

第五章　投闲置散醉何如

位卑未敢忘忧国 / 170 /
从来难觅是知音 / 179 /
出山旋即归耕去 / 187 /
纵观古今思进退 / 196 /
瓢泉千古一扁舟 / 203 /

第六章　起废进用浮生尽

吾力犹能肆汝杯 / 212 /
起知绍兴为生民 / 220 /
备战镇江筹北伐 / 228 /
金戈铁马恍如梦 / 235 /
英雄谢幕长辞世 / 242 /

第一章 自古英雄出少年

靖康之变，山河破碎。金人的铁骑的卢飞快，彰示着和平时代的结束，南宋的将士英勇无畏，标志着战乱时代的开始。那年五月夏蝉始鸣，绿槐生香，山东历城的一户人家，一个体格雄健，形如青兕的男婴呱呱问世。在这飘零的乱世里，他始终怀着一颗赤子之心，指炼山河，茁壮成长。

零落凡尘逢乱世

郁孤台下清江水，中间多少行人泪。西北望长安，可怜无数山。

青山遮不住，毕竟东流去。江晚正愁余，山深闻鹧鸪。

——《菩萨蛮》

历史的天空波诡云谲，变化莫测，收容了北宋一百六十七年的繁盛与衰败，也在为下一个战火纷呈的时代蓄气积势。

《三国演义》开篇有云：“天下大势，分久必合合久必分。”一个朝代的结束，亦是一个朝代的开始。时代的列车轰轰烈烈地往前开，所有的前尘往事，不论是荣耀还是耻辱，繁华抑或落寞，都被世人一一记录在册，一如历史的车轮碾过的痕迹。

定格成书籍的故事，尤其是史书，世人在翻阅时总是会觉得与之有些距离，自然投入的情感也会薄弱几分。但有些故事，根植于民族大义之中，尽管在历史的长河中有了年岁，也不会被后人遗忘，甚至人们在想起时，情绪依旧充盈丰满，内心仍然热血澎湃。

后人如果记得那年威慑长安的“安史之乱”，便一定不会忘记百年后震悚汴京的“靖康之变”。它们在历史的书册上鲜活了百年千年，是不论多少光阴逝去，依旧不可磨灭的，深刻而悲痛的往事。

七年零两个月的“安史之乱”将有着“九天阊阖开宫殿，万国衣冠拜冕旒”之赞称的唐朝从天朝上国的位置上拽了下来，结束了“贞观之治”以来的大唐盛世，苟延残喘了百年后，终归覆灭。

而历时一年不到的“靖康之变”更加令人唏嘘，不仅覆灭了“八荒争凑，万国咸通”的北宋王朝，还在历史的天空上留下了一抹永远无法擦去的灰色。自从宋徽宗、宋钦宗父子及赵氏皇族、朝臣等三千余人被金军押解北上的那一天开始，北宋的天就突然出现了一个巨大的缺口。随着战火四起，硝烟弥漫，这个缺口越来越大且无法填补。

金军的铁骑侵占了北宋一半的土地，也让一半的大宋百姓身陷囹圄。无数人跌入这时代的深渊，陨了性命。还有一些人站在岌岌可危的时代崖壁上，摇摇欲坠。

“靖康之变”后，宋徽宗第九子康王赵构幸免于难，他带领着剩余的北宋朝臣退居淮河以南，在南京应天府（今河南商丘）建庙称帝，国号仍旧为宋。只是山河破碎，国都迁移，眼前的宋朝已经不是原来那个“雕车竞驻于天街，宝马争驰于御路”的繁盛王朝了。

对于南迁的宋人来说，这次变故带给他们的无疑是莫大的耻辱。所谓“投之亡地然后存，陷之死地然后生”，不管是一个人，抑或一个朝代，在面临绝境时所产生的勇气和潜能往往是巨大的。正如《孙子·九地》一书中所言的一样，人们在没有后路可走的时候，往往会拼死一搏。

南宋便是这样的存在。安逸的日子过得太久了，便忘了先祖曾经在沙场上浴血奋战时的英勇姿态。“靖康之变”虽然屈辱，却让他们重新拾起历史的包袱，回到那个“岂曰无衣？与子同袍”的年代。这也是金国几度派兵南下都未能消灭南宋的原因之一。

处在一个上升的朝代，一如走在一条鲜花铺就的阳光大道上，而生活在一个正衰败的时代，犹如行走在一条荆棘遍布的羊肠小径上。“安史之乱”如是，“靖康之变”亦如是。南宋朝廷也曾多次派兵北伐，收复中原，但无奈每次都铩羽而归，大大挫伤了将士们的士气。

宋绍兴八年，南宋王室迁都临安府（今浙江杭州）。这是一座有着“烟柳画桥，风帘翠幕，参差十万人家”的吴越古都，也是一个“有三秋桂子，十里荷花”的人间仙境。选择在此处建都，给了南宋重新崛起的力量。

南北对峙的局面已然形成，然而一直以来淮河是波涛汹涌，却非泾渭分明。只这一江一河，又如何真正将北金和南宋的界线划得清晰开来。

身处乱世的人们，不可能获得年久的安稳。因为烽火狼烟从来不是无故升起，它的背后要么是攻城略地的野心，要么是收复山河的壮志。

金国的旌旗遍插中原大地，宋徽宗和宋钦宗的死亡标志着北宋王朝统治时代的结束。国破君王，是最悲惨的结局，而此时最难选择的是身处沦陷区的旧宋臣民。许多爱国志士失去了精神寄托，更不愿出仕新朝，便跟着君父沉河投缳，为国殉葬。

然而大多数人在这世上都有着太多的牵挂，一家老小的生死或系于一人之身。他们的选择不仅决定了家人的暂时平安，还影响着一方百姓的安危。

英勇就义是英雄，卧薪尝胆亦是勇士。只是前者往往是更为人钦佩的，而后者则伴随着当世之人的冷眼与不理解，一如在山东历城为官的辛赞。

自北宋开国以来，辛氏一族便居于这片齐鲁大地上。宋人罗愿曾有诗言："辛氏世多贤，一姓古所夸。"实为中肯。翻阅《济南辛氏宗图》便可发现，辛氏始祖辛维叶，官至大理评事，由陇西狄道迁济南。二世辛师古，官至儒林郎。三世辛寂，曾任宾州司户参军。而后是为辛赞，朝散大夫。辛家书香门第，世代为官，堪为北宋良臣。

到了辛赞之时，历城辛氏一族已十分庞大了。只是如今这片土地被金人占有，年过五十的他背负的不仅是全族的生死，更是亡国之恨。他是一个高傲的文人，本该英勇赴义，跟随旧主一同故去的。可他心里的宋朝并没有灭亡，赵氏皇族的高贵血统仍在临安府绵延不息。有生之年他更想看到南宋将士越过淮河，收复中原，于水火中解救黎民百姓的那一天到来。

辛赞自知南归无望，又不想身后这一大家子族人沦为金人的刀下亡魂，便选择了留在金国为官。不是他不愿意南归，而是他见惯了人世浮沉，更加明白生活在乱世里的百姓有多么无辜。

他选择了留在金营，便做好了准备去迎接世人的冷眼相待。如同越王勾践当年忍辱负重留在吴国卧薪尝胆，喂马看墓一般，他也可以将国仇家恨暂时深藏于心。因为他相信终有一天，宋人的铁骑会踏破山阙，重整山河。

宋绍兴十年（1140年）五月十一日，他的孙子降临人世，他心中收复中原的希望被再次点燃。即使此时距离北宋灭国已有十三年之久，但“靖康耻，犹未雪”。他知国仇深重，家国不再，而自己已是廉颇老矣，这一切都将交付到下一代人的身上。

自从出仕金朝以来，他看见太多百姓流离失所，被金人压迫奴隶，而自己却无能为力。如今看着辛文郁怀中这名“肤硕体胖，红颊青眼，目光有棱，背胛有负”的男婴，似有上古神兽“青兕”之神韵，辛赞仿佛看到了一丝光明。这无疑是他十三年来最高兴的一天。

昔有关羽身在曹营心在汉，今有辛赞身在金营心在南宋。在这动荡的年代，战乱疾病最扰人，大多数人最希望的生活不过是安稳二字。他也希望自己的孙儿能在这乱世中健康成长，一生无忧，但他更希望的是他长大以后能收复失地，为国效力。因此他为他取名“弃疾”，与西汉名将霍去病的“去病”二字相对。唯愿他将来能如霍将军大败匈奴时一样英姿勃发。

然而，梦想与现实总是隔着实现的距离。山河破碎，终究难以完整。南宋北金的战火一如既往燃得旺盛。但双方都知道，战争带来的灾难和内耗有多巨大。这场生灵涂炭的对峙迟早有一方要选择妥协。

诚然，这个使人们暂时告别战争，换来一时太平的终结者，是为南宋。这乱世的离殇终是扰了临安府中朝臣们的心神，他们宁愿斩断一只强劲有力的护国之臂，以杀害抗金英雄岳飞为代价，与金人换来屈辱的“绍兴条约”。

这一年，辛弃疾不过一岁有余，仍然身处沦陷的齐鲁大地。幼小的他还未知晓祖父头上那一顶“北宋旧臣”的帽子有多沉重，但辛赞已经为他铺设好了通往未来的道路。不管会遇到怎样的风雨雷电，他都得坚定不移地走下去。

郁孤台下清江水，中间多少行人泪。西北望长安，可怜无数山。

青山遮不住，毕竟东流去。江晚正愁余，山深闻鹧鸪。

多年以后，南宋朝廷腐败怯懦，致使北伐无望，失地难归。辛弃疾面对这山河动荡的大宋，忧思无尽，却只能将心里的万千愁苦尽数抒于一首《菩萨蛮》中。

乱世里充斥着杀伐和破碎，每个人都在战火之下挣扎着生存，过着有今天没明天的日子。这个时代英雄辈出，却从未给过人们安全感。就连郁孤台下这奔流不息的赣江水，也不知汇集了多少苦难之人的眼泪。

辛弃疾想起少年时祖父经常带他登高远望，以扩大他的心胸和眼界。无疑，祖父的教导是正确的。直到如今，他的眼里心里装的都是南宋流落他乡的山河。只叹朝廷重文轻武，犹厌言兵，始终难纾君父所不共戴天之恨。

他站在赣江之畔，听着深山里传来声声鹧鸪的悲鸣声，看着眼前滚滚东去的江水，愁绪满怀，有心无力，只能兀自吟出“西北望长安，可怜无数山”的伤感词句。

正如青山挡不住有去无回的江水，北宋的繁华也在刀光剑影中悄然谢幕。泰山尚可倚，冰山却难靠。纵然辛弃疾满怀斗志，热血沸腾，也拯救不了一个大厦将倾的王朝。

少年从学气凭陵

少年握槊，气凭陵、酒圣诗豪余事。缩手旁观初未识，两两三三而已。变化须臾，鸥飞石镜，鹊抵星桥外。捣残秋练，玉砧犹想纤指。

堪笑千古争心，等闲一胜，拚了光阴费。老子忘机浑谩与，鸿鹄飞来天际。武媚宫中，韦娘局上，休把兴亡记。布衣百万，看君一笑沈醉。

——《念奴娇·双陆和坐客韵》

少年时的光阴就像夏天午后的阳光，透过树叶缝隙洒下斑驳细碎的光线，安静而轻盈的，不带任何情绪，沉睡在岁月深处。如那夏夜里的萤火，冬日里的骄阳一般，澄澈明朗。

和大多数人的少年时代一样，辛弃疾在家人的教导和疼爱之下疾速成长，欢乐多于忧愁。推开时间的重门，我们便可以听到济南辛府庭院里时常传出阵阵“杀贼”的声音，稚嫩却有力量。那正是少年辛弃疾破竹斩叶，提剑转身的悠然清影。

“少年少，何不为。若不为，枉年少。”自他记事之时起，祖父的这句十二字箴言就经常回荡在他的耳畔。年少时，他见惯了祖父脸庞上深沉的神情，却不知为何他总是一副郁郁寡欢的模样，仿佛只有在他舞刀练剑之时，祖父才会一展欢颜。

可命运是这般无情，还未等及他熨平祖父额头上越来越深的纹路，便送给他一场盛大的生死离别。在辛弃疾六岁那一年，他的父亲辛文郁因病去世，永远地离开了他。这是他第一次尝到离别的滋味，纵使心中有千般不愿，也不得不接受这个苦涩的事实。

山河大家早已破败凋零，这乱世中的几口小家又怎能奢求完整无缺？时间尚未修复战乱留下的创伤，命运又怎么会思量一个六岁的少年是否承受得住离别的伤感。

辛文郁去世后，辛弃疾的启蒙教育就全落在了祖父身上。除了读书识字，辛赞更为看重的是如何练就一身卓绝的武艺。他时刻教导辛弃疾不要忘记自己是大宋的子民，长大以后要像抗金英雄岳飞一样“壮志饥餐胡虏肉，笑谈渴饮匈奴血”，以收复中原，重整山河为己任，将金贼侵占的大宋土地一一夺回来。

辛弃疾在祖父的熏陶之下，十分上进。小小年纪便将国仇家恨背负在心中，然而他想成为一个顶天立地的大丈夫，便必须要刻苦学习。不仅需要精进武艺，还需要在文墨上下工夫。好在他早早便知道学习不仅仅是为了离梦想更近，还是为了在一条有意义的道路上越走越坚定。

亳州谯县是一个有着厚重历史痕迹的地方。三国时期的曹孟德就是从谯县走出来的。挟天子以令诸侯，建立魏国，成就一代枭雄，到今天他的故事仍然为人们口口相传。

金人掠地时期，这片土地上还居住着一代大儒刘瞻。而辛文郁去世不久，辛赞就被调到谯县为官。这对年幼的辛弃疾来说，确是一个不可多得的机遇。

在祖父的陪同下，七岁的辛弃疾前往柳湖书院拜刘瞻为师。少年从学，聪慧机敏，在名师和祖父的教导督促下，辛弃疾进步极快。平日里与众多同门师兄弟们一起学习四书五经，训释经解，雅会聚集之时，也常与他们吟诗作对，填词写曲。此间时光，是他一生中最欢乐的回忆。

在柳湖书院，他结识了少年知己党怀英。同是刘瞻的门生，唯他们二人最为优秀。世人眼中，他们的才华不分伯仲，且都有着远大的理想抱负，因而并称他们为“辛党”。少年英雄，惺惺相惜，他们在时人的比较之中共同进步。

世事无常，人生亦未曾有过定数，长大之后，少时的知己也可能站在自己的对立面。这一切只因有一次二人在问卜前程之时，得了截然相反的卦象。党怀英得到“坎”卦，辛弃疾得了“离卦”。据《易经》所释，坎卦属水，当属北方之卦，离卦属火，却是南方之卦。

是留在北金，还是南归大宋，辛弃疾和好友党怀英各有见地。这场名动一时的华夷之辨，终于在玲珑之卦中找到了答案。此后二人分道扬镳，各奔前程，选择了不同的道路。

祖父的教诲长存于心，得到的卦象更坚定了他南归的决心。少年风流，在这一片破碎的山河里，他终于找到了那个让他甘愿为之奋斗一生的目标。

少年握槊，气凭陵、酒圣诗豪余事。缩手旁观初未识，两两三三而已。变化须臾，鸥飞石镜，鹊抵星桥外。捣残秋练，玉砧犹想纤指。

堪笑千古争心，等闲一胜，拚了光阴费。老子忘机浑谩与，鸿鹄飞来天际。武媚宫中，韦娘局上，休把兴亡记。布衣

百万，看君一笑沈醉。

孟凤梅说有怎样的追求便会有怎样的境界，执着的人生大多没有随波逐流来得顺遂，但绝唱往往是用流血的手弹奏而出的。

此时的辛弃疾年轻气盛，理想常怀于心。问卦之后，他一直在蛰伏，在等待，希冀于有一天可以手握三尺青锋，拨开前方的层层云烟，直指北金王庭。

梦想催人奋进，是人们前行的动力。可辛弃疾更加明白现在要做的是足履实地，培养自身的能力，方能在未来厚积薄发，不务空名。因而他的书房里充盈着《风后八阵兵法图》《孙子兵法》《吴子》之类的书籍，每一本都被他认真地研读过，并做上了密密麻麻的注解。

祖父这一生有许多遗憾，尤其是在旧主故去后，他因态势不许，被迫出仕金朝。纵然他在为官任上一清如水，始终兢兢业业地为百姓谋福祉，可他的眉宇间尽是分明的忧愁。

辛赞的心中一直都有一个南归梦，他亦知自从他选择留在金营的那一天起，这个梦就注定不能实现了。因此他将所有的希望都放在辛弃疾身上，愿他孜孜不倦，少有所成，愿他运筹帷幄，一洗前耻。

辛弃疾亦没有辜负祖父的期待。小小年纪便有领军打仗、乘风破浪的凌云之志，他曾说过自己是“家本秦人真将种”。如此少年，雄心勃勃抱负不凡，辛赞看在眼里乐在心中。

少年时的辛弃疾豪气勃发，便已显露将军之才。时人可以从他的立身处世之中发现他的不凡，后人往往只能从传世的词作中窥见他的英姿。

昔有曹孟德“酾酒临江，横槊赋诗”，成就一世之雄。后有辛弃疾“少年握槊，气凭陵、酒圣诗豪余事”。他目光如炬，自信满怀，敢于与曹孟德相比，就是为了告诉世人，对于驱逐金人、恢复中原的梦想，他有多么坚定。

这首《念奴娇》是他晚年隐居带湖的时候所作的。他说，最初的时候他并不想成为一名酒圣或做一位诗豪，这些事情于他而言不过是闲时的兴趣罢了。只是造化弄人，年少时的余事竟变成了每日的“正事”，他感叹时间流逝，变化须臾。他苦笑，“千古争心，等闲一胜，拚了光阴费”。

世事如此，如果有人选择在黑暗中屈从，那么也一定会有人选择在黑暗中爆发。年少的人们少经世事，心气很高，往往会选择后者。他们一度以为自己就是世界的中心，只要打一个响指，就能改变世界。可当某一天陡然发现自己只是这世上千万尘埃中的渺小一颗时，少年就长大了。

“老子忘机浑谩与，鸿鹄飞来天际。”曾经从天际飞来的鸿鹄，站在辛府庭院外的栏杆上，许多年都没有飞走。一个苟安一隅，每日只有淡云流水相伴的人，并非忘却国仇家恨，而是自己终于知道，一个人的力量挽救不了这个分崩离析的时代。

百万布衣深陷乱世，江河日下无力回天，莫不如“看君一笑沈醉”。

只叹汴京翠华远

开元盛日，天上栽花，月殿桂影重重。十里芬芳，一枝金粟玲珑。管弦凝碧池上，记当时、风月愁侬。翠华远，但江南草木，烟锁深宫。

只为天姿冷淡，被西风酝酿，彻骨香浓。枉学丹蕉，叶展偷染妖红。道人取次装束，是自家、香底家风。又怕是，为凄凉、长在醉中。

——《声声慢》

青春是执着倔强而不必计较的一段时光，是如初春，如朝日，如百卉之萌动的一段岁月。这个年纪的大多数人有一种“勇敢盖过怯懦，进取压倒苟安”的气势。他们愿意在人生道路旁的简单风景里，编织着单纯的理想。

而成熟是一种明亮而不刺眼的光辉，一种并不陡峭的高度。这个名词原本不属于青春这一时期，却莫名出现在辛弃疾的少年光阴里。

他已经记不清有多少个披星戴月的清晨，在自家的庭院中舞刀练剑，蹑影追风，也记不清在辛府书房里，度过了多少个昼耕夜读，手不释卷的日子。他只知道自出生至今，约莫过了七八载光阴。

这些年里，他跟随祖父去过很多地方，见过崖上青松，河山静好，也见过金人掠地，压迫汉民。他曾邂逅柳湖书院，在那里拜师学艺，度过一段无忧无虑的时光，也曾看到自己的父亲壮年离世，第一次亲尝死别的滋味。

他是年少的，亦是成熟的。这个时候虽有祖父替他承担眉间的忧愁，护他在金人的爪牙下安稳地成长。可他太知道乱世里的无常要比太平盛世里多得多，就算想要过平淡的生活，也是一种奢望。更何况，他生而不凡，也不愿在祖父的保护伞下畏首畏尾。

少年自有少年狂，藐昆仑，笑吕梁。磨剑数年，今日显锋芒。烈火再炼双百日，化莫邪，利刃断金刚。雏鹰羽丰初翱翔，披惊雷，傲骄阳。狂风当歌，不畏冰雪冷霜。欲上青天揽日月，倾东海，洗乾坤苍茫。

宋绍兴十八年，辛赞在亳州为官任期已满，迁升汴京，任行台尚书令。辛弃疾将再一次和祖父踏上新的征途，而这一走，亳州的恩师、旧友以及他最无忧的一段时光将被甩在身后。他似乎感知到以后都不会再回到这个地方，所以面对这一次离别，他的心中委实有一种难以言说的悲伤。

他从未过问祖父为何总是带着他行走在途中，但清楚地知道绝不能留在谯县这一个山川秀美的安逸之境。河山尚且破碎，一个有志的少年又岂会苟安一隅，他的祖父亦不会允许。辛弃疾知道祖父心中暗藏无限悲痛和遗憾，像千万把沉重的锁将他牢牢拴住，每向汴京的方向行进一步，痛苦就加重几分。

幸而这条路上辛弃疾一直陪伴在祖父身旁，只有当辛赞看到斗志昂扬的孙子时，他才会觉得黑漆漆的前方有一丝光亮。辛弃疾是辛赞疗伤的一服良药，也是打开他心里那些锁的钥匙。

开元盛日，天上栽花，月殿桂影重重。十里芬芳，一枝金粟玲珑。管弦凝碧池上，记当时、风月愁侬。翠华远，但江南草木，烟锁深宫。

只为天姿冷淡，被西风酝酿，彻骨香浓。枉学丹蕉，叶展偷染妖红。道人取次装束，是自家、香底家风。又怕是，为凄凉、长在醉中。

辛弃疾跟随祖父一路向北，穿过雁雪纷纷，飞花入户的齐鲁大地，渡过波澜壮阔，慈爱温柔的黄河，终于来到了北宋昔日的都城，汴京。这一路上，风光旖旎，辛弃疾深深地沉醉其中。然而当他想起“靖康之变”后，这些土地这些风景，以及无数汉人百姓都沦落金人之手时，再回头观望眼前的风景，不禁心中愤懑，热血沸腾。

汴京城曾是北宋最繁华的地方，也是无数文人才子所向往的理想之城。昔日孟元老曾在《东京梦华录》中描述汴京的繁华景象：“举目则青楼画阁，绣户珠帘。雕车竞驻于天街，宝马争驰于御路。金翠耀目，罗绮飘香。新生巧笑于柳陌花衢，按管弦于茶馆酒肆。八荒争凑，万国咸通。”

婉约派词宗柳永对这座城也有着一种说不清道不明的执念，曾经几度离开又多次回归。他笔下的汴京曾是“特地风光盈绮陌”的繁盛皇都，还是令他“愁云恨雨两牵萦，新春残腊相催逼”的故乡。他生长于此，成名于此，落寞于此，不论后来他漂泊何地，对这座汴京城一直都是热爱的。无关繁华，只是因为这里是大宋的都城，他心中的故乡。

柳永生活在一个蒸蒸向上的时代，他词作里的汴京城，淡妆浓抹总相宜，一亭一景，一花一叶都散发出蓬勃的朝气。即使是忧愁，也透露出一种繁华的味道。可到了辛弃疾这个时代，汴京城昔日的火红之色已经褪去了大半，甚至还多了一抹耻辱的灰色。昔日的家园已经变成他国的城池，辛弃疾在看到这片土地上开出的花朵都觉得十分生气。

后来他在回忆汴京的光景时，仍然感到万分气愤与无奈，提笔就是一首悲戚的《声声慢》

“开元盛日，天上栽花，月殿桂影重重。十里芬芳，一枝金粟玲珑。管弦凝碧池上，记当时、风月愁侬。”月殿桂影，一重又一重，芬芳十里，应该还是昔年的玲珑味道。凝碧池上，管弦之乐声声入耳，哀感顽绝，不由得令人发愁。

与柳永描写汴京的词作相比，辛弃疾的笔下多了几分山河破碎的苍凉与离殇。他只叹当年宋徽宗和宋钦宗父子被金军虏北而去后，赵氏皇族旗帜上的翠羽凋落，如今只剩这萋萋芳草，烟锁深宫。

回忆就像倒在手心里的水一般，不论你是摊开还是紧握，终究还是会从指缝中一滴一滴流淌干净。当年种植在汴京城的木樨，依旧如冰似水，天资冷淡。或是旧城繁华不再的缘故，连桂花也觉得自己太过浓艳，希望被西风吹拂而改变颜色。颜色或许改变了，可是那深入骨髓的清香却始终无法泯灭。

“枉学丹蕉，叶展偷染妖红。道人取次装束，是自家、香底家风。”木樨虽然能够从丹蕉那里学会偷偷在叶底下染上深红色，但却忘了自己作为道家门人，穿着什么颜色的服饰只不过是外在的装束，其与生俱来的香气才是最本质的内在。

木樨伤时，管弦悲戚，这一切都不过是执笔之人在借草木之口，抒发国破家亡的愤恨之情罢了。正如今日的汴京，虽已物是人非，可只要故国仍在，辛弃疾的那份爱国之心便不会消亡。在他心中，金人不过是野蛮地将他国的土地占为己有，这片中原大地，仍然是宋朝的江山。

“秋槐叶落空宫里，凝碧池头奏管弦。”与百年前王维的感时伤国之情相似，辛弃疾又害怕自己看到的不过是表象。深宫凋敝，荒草丛生，怎奈得这木樨花不是因为处境凄惨，而不得不以沉醉来麻痹自己，才导致面容变红的呢？

虽然这首《声声慢》是辛弃疾中年的词作，但年少时在汴京的记忆却格外深刻。

回忆将生活划成一个圈，年轻的少年总想着逃离这个圈，去外面的世界看一看、闯一闯，等到青春的光彩渐渐消逝时，蓦然回首，才发现自己只是在原地转了无数次。记忆里最熟悉的地方，还是最初出发时的起点，就算少年能够重新做一次选择的话，结局依旧不会改变。

两抵燕京观形势

笳鼓归来，举鞭问、何如诸葛。人道是、匆匆五月，渡泸深入。白羽风生貔虎噪，青溪路断猩鼯泣。早红尘、一骑落平冈，捷书急。

三万卷，龙韬客。浑未得，文章力。把诗书马上，笑驱锋镝。金印明年如斗大，貂蝉却自兜鍪出。待刻公、勋业到霄云，浯溪石。

——《满江红》

江山易改，繁华如梦。许是因为每个朝代都有盛极一时的一段岁月，才让世人在眼看着自家的河山易主时心有不甘。即使他们也知道，这个王朝早已到了千疮百孔的地步。

一个朝代的结束，往往是在它蒸蒸日上的时候就埋下了灭亡的种子，只不过那时人们只顾着高唱赞歌，根本不会发觉那如蝼蚁般的弊病。后来，随着时间的推移，它们逐渐长成一颗颗毒瘤，一朝爆发，那力量无论多少将士的鲜血都无法抵抗。

张养浩说：“兴，百姓苦；亡，百姓苦。”不论时代是繁华还是衰微，最无辜的人们始终都是平头百姓。在后世的史学家们看来，金人夺取了北宋的皇权，正如当年宋太祖赵匡胤发动“陈桥兵变”，霸占了李氏的大好河山一般。后世之人普遍认可这是时代在进步，而抛却了当时人们生活的凄苦。

史学家们的眼光一直都是客观的，因为只有时间足够长，故事足够丰富，这一切才能被称之为历史。但于当时的人们来说，谁又不想生活在一个昌平的年代呢？

金朝灭亡北宋后，与南宋以淮河为界，将原来北宋统辖的中原地区收入囊中。后来它又进攻西夏、高丽等国，将自己的领地扩充得十分宽阔。然而金国连年征战，靠着暴力血腥夺取了大量的土地，却没有用心治理，只得以相同的方式来维持国家安定。

宋绍兴二十三年，当时金国定都于上京会宁府，由完颜亮主事。这是一个十分热爱汉族文化的皇帝，所以一心想要攻下南宋的江山，一统南北。在治国之时他也效仿宋朝的体制，设两府，置三司。迁都燕京的第二年，就首次举行了科举考试。

这一年，辛弃疾十四岁。辛赞知道这是一个让他出去历练的绝佳机会，便给他收拾好前往燕京的行装，叮嘱他不日上路。

辛弃疾不明白祖父为何让他去参加金朝的科举考试，心有愤懑，想着这不是和祖父对他的教导背道而驰吗？看着祖父满眼希冀的眼神，他第一次怀疑这真的还是曾经那个“每遇食，辄引臣辈登高远望，指画山河，思投衅而起，以纾君父不共戴天之恨”的祖父吗？又或是祖父派他此去另有安排？

果真不出其右，临行的头天夜里，六十四岁的辛赞来到孙儿的书房里，告诉他要利用这次参加科举考试的机会进入金国首都，暗中刺探金国军队分布的战略位置信息。祖父坚定的眼神告诉他，此去燕京，只许成功不许失败。

辛赞和辛弃疾都知道这是一场极其凶险的出行，获取机密信息稍有不慎或被金人发现，便是头破血流的境地。况且只有十四岁的他孤身一人，如何能抵挡金人的千军万马？

然而辛弃疾是什么样的人，他的祖父再清楚不过。他是那个“握槊气凭陵”的少年英雄，是那个将“裔不谋夏，夷不乱华”的思想深刻于心的北宋旧臣之子。

辛赞坚信他的孙儿定能重新扛起抗金的大旗，而辛弃疾也在心里暗自起誓不能辜负祖父的期待。

他心里明白，不能要求所有的过往都是美好的，有些伤痕的存在亦不是为了让世人忘记，而是在提醒世人要更加清楚地记得，曾经是那么疼痛。这个世界是这般乱纷纷，过去的故事已经被定格在时光里，不可更改，如今只有先将自己铸炼成器，方有机会一雪前耻，书写崭新的篇章。

带着祖父的嘱托和肩上的任务，辛弃疾背上行囊，稳健步伐，一路上翻山越岭终于来到了金国的核心之地，燕京。醉翁之意不在酒，而在金国的军队布防图和路线图。他一边打着“北上应试”的旗号，告诉世人这次科举定要高中及第，拔得头筹。一边又在默默勘探燕京的地形，从山川河流入手，结合各种情报，执笔画就一幅机密的地形图。

所谓“不入虎穴焉得虎子”，辛弃疾只身深入金贼敌营，凭借着自小练就的高超武艺和独特的军事才能，收集到许多重要的金国情报。自然，这时候功名于他，并没有多大干系。

古人说，人的一生有四大喜事——久旱逢甘雨，他乡遇故知，洞房花烛夜，金榜题名时。有生之年，人们或早或迟会实现这前三件喜事，只这最后一件“金榜题名时”，确实是困扰了古往今来的许多学子们。

不管是过去，还是现在，还是在不远的将来，家里的人们乃至自己都觉得读书才是人们唯一的出路。然而这条路犹如千军万马过独木桥一般，有的人还未起步就已屈从命运。有的人行走到一半时，便摇摇欲坠，无奈掉入平民的河里，从此为仕途画上一个句号。只有奋力挤过桥的人才能踏上光鲜的人生大道。

金榜题名，是和平时代人们的普遍理想，一如北宋的柳永，曾为了挤进官宦的大门而奋战至中年。然而在战乱年代，人们生活的安稳尚且不能得到保证，理想也必将重新被审视。凡是心中常怀家国大义的人，必定想做乱世的英雄，一如辛弃疾。

一件事情本身的价值，往往会随着周边的环境和自身的需求而改变。如果心中不在意，任他是金银珠宝也会觉得一文不值。所以当辛弃疾知道自己这次应试没有出现在“黄金榜上”时，也从未觉得可惜。

来时是祖父满满的期待和肩上沉甸甸的包袱，回去时是手里密密麻麻的北金军队布防图和路线图，辛弃疾的心中充满了喜悦。当他将此行的成果递给年迈的祖父时，辛赞的手颤颤巍巍，像是捧着一件无比珍贵的古董一般，轻易不敢擦拭。这些在外人看来犹如一堆废纸的存在，竟惹得祖父泪流满面。辛弃疾看着祖父眼里泛着喜悦的泪花，打心里觉得开心。

法国十九世纪浪漫主义作家大仲马曾说：“当你拼命想完成一件事的时候，你就不再是别人的对手，或者说得更确切一点，别人就不再是你的对手了。不管是谁，只要下了这个决心，他就会立刻觉得增添了无穷的力量，而他的视野也随之开阔了。”

青春的光彩，来得绚丽，走得也潇洒。多少人会在青春谢幕之后选择一条安稳的道路，平平凡凡地走下去。即使知道未来的生活没有一点波澜，也不会发出什么怨言。而年少时曾立下的“为天地立心，为生民立命，为往圣继绝学，为万世开太平”的志向和理想，就像是前世发生的事情一般。

想要平凡的生活是这世上大多数人的理想，毕竟人生是一条单程线，选择怎样的未来只有一次机会。而行走在悬崖的边缘，稍有不慎便可能跌入深渊，摔得粉身碎骨。

可辛弃疾偏偏就是这样一个特殊的存在。他的志向是要在这个平凡的世界里，做一个最不平凡的人。乱世里，从来没有安稳，他注定属于这个时代。在本该心如止水的日子里，他义无反顾地选择了一往无前。青春的字典里，他只摘取了“探险”与“征服”。

于是，宋绍兴二十七年，他再一次背上行囊，去往燕京赶赴金朝举行的第二次科举考试。

四年，可能出现的变化太多了。为了以后起义时能更好地利用金国的弱势，辛弃疾不得不完善和更新十四岁那年画就的布防图和路线图。这一次，他选择了另一条道路，途中经过真定府、定州、保州、涿州，最终抵达燕京。

路上的美景于他而言不过是过眼云烟，他真正的目的是撕开美丽的面具，直取北金的山川地形图，好为日后起义抗金做足准备。不同于平常人家的公子出门远游，辛弃疾的每一次游历，都是带着祖父的嘱托和时代的包袱的。

经过四年的等待和蛰伏，潜进金国重地刺探情报，于辛弃疾而言已是轻车熟路。他圆满完成祖父交代的任务后便回到汴京的家中，双手奉上机密图和情报。祖父深邃的眼神犹如一望无际的大海一般，在阳光的照射下是那样波光粼粼，而这阳光并非是手中的布防图，而是他的孙儿辛弃疾。

笳鼓归来，举鞭问、何如诸葛。人道是、匆匆五月，渡泸深入。白羽风生貔虎噪，青溪路断猩鼯泣。早红尘、一骑落平

冈，捷书急。

三万卷，龙韬客。浑未得，文章力。把诗书马上，笑驱锋镝。金印明年如斗大，貂蝉却自兜鍪出。待刻公、勋业到霄云，浯溪石。

年轻的时候，是我们唯一拥有权利去编织梦想的时光。我们有大把的时间去尝试，还有许多莫名的勇气从头再来。等到年纪稍大些的时候，才后知后觉地发现一个道理：青春一经典当，即永不再赎。年轻时的果敢与奋进，不过是年老时坐在书案前写进人生传记里的朝霞与晓露罢了。

这首《满江红》是辛弃疾后来在湖南任上写就的。那时的他正值不惑之年，一个有所作为的年纪。看到手下的将士王佐凯旋，意气风发，便想起了十四岁和十八岁那年，自己也曾为了心中的梦想不顾一切，两赴燕京深入金国的首都窃取机密情报。那时候的自己有着何等的英雄气概！

纷乱的世间，但凡有志向又有一些能力的男人们，都甘愿做一名时代的先驱者，冲锋陷阵，身先士卒。纵算不能平息动荡，也能在历史上留下浓墨重彩的一笔。辛弃疾就是这些仁人志士中的一个。他曾真正踏上战场，英勇杀敌，将他“三万卷”的真才实学挥洒得淋漓尽致，也曾心灰心冷，回归田园生活，写就一首首动人的诗歌词章。

“把诗书马上，笑驱锋镝。”进，他是马上英雄，沙场岳飞；退，他是稼轩先生，词中之龙。在这条乱世漂泊的路上，自出生那一刻起，他注定要孤独地走下去。寂寞常在，知音零星，他从一开始就知道扬马转身后，前方也许不会一路坦荡，但是身后绝不是归途。

起义抗金归南宋

壮岁旌旗拥万夫，锦襜突骑渡江初。燕兵夜娖银胡觮，汉箭朝飞金仆姑。

追往事，叹今吾，春风不染白髭须。却将万字平戎策，换得东家种树书。

——《鹧鸪天》

临安，是北宋皇室血脉得以延续的地方。这座城市原本的名字并不称作“临安”，而是叫作“杭州”。大抵是南归的北宋旧臣们并不想承认“靖康之变”带来的迁都耻辱，希冀于有一天还能夺回失地，重回汴京，才向世人宣布将“杭州”改为“临安”，寓意临时安定。

可从后来的时光里看，这种行为未必不是自欺欺人。不然也不会有南宋诗人林升吟咏的诗句：“山外青山楼外楼，西湖歌舞几时休？暖风熏得游人醉，直把杭州作汴州。”

两国争战，只一次战事或许就可以奠定这个时代的基调，因为失败大多时候带给世人的是悲伤和绝望，纵然心有不甘，也未必敢再一次使尽全力地尝试，譬如南宋和北金。

宋金战乱之后，南宋并没有擐甲操戈，整装备战，而是偏安一隅，纵情临安的美景与歌舞。面对金朝的侵犯，他们大多是选取一种妥协的姿态，以一个又一个“和约”“协议”换来国家暂时的安定。

殊不知，在战争时代，不平衡和不平等的条约只是一场场战事之间的标点符号罢了。乱世中不乏有许多野心勃勃的人，他们一旦点燃了一统山河的斗志，便怎样也不会放弃抓在手心里的每一次机会。譬如完颜亮，这个对汉族的江山和文明心有执念的金朝君主。

传说他在翻阅书籍时曾读到北宋词人柳三变的一首《望海潮》，对词人描绘的“有三秋桂子，十里荷花”的临安城心生无限向往。完颜亮深深沉醉在柳永笔下风景优胜，物阜民丰的南宋都城中，一时动了占领之心。不得不说，这就是宋词的魅力所在。

一个河山分两半，北方是暗下决心的完颜亮，南方是正载歌载舞的宋高宗。北方的金朝，正修战舰、造兵器、招兵买马，忙得如火如荼。临安的南宋，修庙筑祠，醉心江山，还以为靠着那年“绍兴和约”换来的太平，能千秋万代地传承下去。

金风肃杀的九月，金国一个狂妄至极的口号打破了两朝维持了二十一年的寂静与和平。完颜亮率领六十万大军，喊着“百天之内，必定灭掉南宋”的口号，兵分四路向南宋发起了大规模的战争。

然而他没想到的是，他败了，不是败给了南宋，而是败给了自己的一颗贪婪之心。他的眼里只看到尚未侵占的南宋江山弥足珍贵，却忽略了已经得到的土地上早已民不聊生。战乱平息的时代，完颜亮为了征战四方，强征男丁修建战船，铸造兵器，而忘了要休养生息，善待百姓。

暴政之下，安有生计？百姓唯有拼死一战，才能为自己的未来博得一线生机。

当完颜亮率领着金军的铁骑渡过淮河时，此时中原正风起云涌的各路起义，在完颜亮脸上重重地打下了一记耳光。

就在此时，辛弃疾终于等来了这个属于他的机会。玲珑之卦开始运转他南归的命运，此后山高路远，他只顾金戈铁马，气吞万里如虎，做一名出塞斩贼的勇士。

然而，他的祖父却是看不到他人生的高光时刻了。燕京归来的第二年，从小陪他成长，给他教诲的祖父便含恨而逝了。辛赞临去的那一刻一定也在叮嘱他，要带着他的遗愿继续行走下去。

命运是这般无常的，就像这慌乱的时代，是温床也是囚笼，是繁华亦是荒蛮，不论你愿不愿意，都无法行走在框架之外。

佛家有云："当知生死及与涅槃，无起无灭，无来无去。"现世的人们不管是平庸之人还是非凡之辈，任凭其在时代的洪流中如何挣扎，在逝去时，除了虚长的年龄与身体，一样也带不走。可是若如佛家所言，抛去我们生存的时代大环境，人生又还能剩下什么呢？须知，我们还要毫无保留地将一生交付给它。

祖父的逝去让辛弃疾在苍茫的乱世里，无家可依。一心想要南归的他，在失去了最强的后盾之后，势必只能抓住起义的这根稻草。他知，一旦决定，便再无回头之路。

在完颜亮撕毁二十年前签下的休战协议，兀自率兵攻打南宋的那段时间里，中原许多地方都爆发了或大或小的起义，以抵抗金国的暴政。辛弃疾一腔热血，壮志凌云，自是不愿屈于汴京，而百姓亦是需要这样一个领路人。

他提剑而起，便召集了两千多名起义军，结成抗金的自卫武装。揭竿而起，便是义无反顾。这一年，他二十一岁，还未褪去少年的青涩，便将自己投进了由鲜血铸就的熔炉里，在实现梦想的道路上越走越坚定。

金人的马蹄声踢踢踏踏，十分嚣张，却也让辛弃疾军营的杀敌士气不断高涨。他凭借着非凡的军事才能和此前探悉的情报，带领义士一路过关斩将，奋勇杀敌。但谋智如他，岂不知以卵击石终究不是长久之计。区区两千多人若仅凭着一腔义气前进，走不了多远必会在纷扬的战火中灰飞烟灭。

辛弃疾细细思量之后，决定带领部下的起义军前往山东济南，他的故乡，加入耿京所在的农民队伍中。当时耿京的营帐下，已经聚集了二十多万的起义大军。他相信，将谋略与力量相结合，胜利的火焰一定会越烧越旺。辛弃疾拿起挂在腰间的配剑，轻轻擦拭。阳光的照耀下，他英姿勃发的脸庞和无比坚定的眼神，在宝剑的锋棱里格外清晰。

对于辛弃疾的加入，耿京喜不自胜。一个大字不识一个的戎马壮士，迎来了他的掌书记。在耿京军中，辛弃疾掌管着起义大军的大印，并时时为耿京出谋划策，助他在齐鲁大地上点起一处处抗金的大火，以燎原之势攻占了济南、兖州、东平等地。

辛弃疾带着收复河山的梦想，在沙场上浴血奋战。一场场战事下来，他的人生道路也逐渐变得豁然开朗起来。这次起义犹如他人生的分水岭一般，将他此前二十一年积蓄的力量，在一朝爆发，而他自己也如一只雄鹰，张开双翅，扶摇直上九万里。

柳永的《望海潮》是天水氤氲的江南最为耀眼的一张名片，也非怪完颜亮在占据了北宋龙椅之后，还对临安的繁华与精致念念不忘。

完颜亮在这场战争中频频失利，节节败退，犹如一只被拔了獠牙的孤狼，想大肆撕咬却无可奈何。但作为一个有着狼子野心的君王，此次南征如若不做出点成绩，又怎么对得起他心里的江南梦呢？那临安的“烟柳画桥，风帘翠幕，参差十万人家”还在向他招手，那“市列珠玑，户盈罗绮，竞豪奢”的繁华还在深深引诱着他。

然而就在完颜亮孤注一掷，仍然率兵南下的时候，金国都城东京却发生了天翻地覆的变化。宋绍兴三十一年（1161年），留守在东京的完颜雍趁完颜亮南征时，发动政变，在东京辽阳府自立为帝，改元大定，且颁发诏令揭露了完颜亮数十宗罪。

“溪云初起日沉阁，山雨欲来风满楼。”最令人心寒的事情，不是在面对外人的伤害时无力反击，而是被自己深信不疑的亲人从背后划了一刀，还无能为力。

完颜亮失去了继续征战的动力，因为他的帝位来得同样是名不正言不顺。当年他杀兄夺位，如今他的堂弟取缔于他，因果轮回，一丘之貉，仿佛也没有什么可被指摘的地方。身处前后夹攻的困境，完颜亮心灰意冷，最终殒身在战场上。

渴望与现实，终是隔着千山万壑的距离，不是每个人都能修来在转角处得见柳暗花明的缘分。完颜亮在凛冽的寒冬里失去了他的江南梦，辛弃疾却等待了他生命中姹紫嫣红的春天。

此战胜利后，他是多么希望南宋官兵乘胜追击，夺回失去的江山。但他等来的却是一纸撤兵令。许是战争带给人们的创伤太过巨大了，而权力越大的人越缺少勇气。

刚刚登上帝位的金主完颜雍根基未稳，主张停战，选择向南宋低调求和。面对金人的妥协，临安那位高高在上的南宋皇帝自是欢喜的。这一雪前耻的荣光，恍若久违的甘霖沁入他的心房。宋高宗深深沉醉在临安的旖旎风光里，也根本无意再起兵攻打金国。于是，两国的议和事项又大张旗鼓地操办起来了。

突如其来的和平，让中原的各路起义军手足无措。置身于这尴尬的处境中，辛弃疾以及一众起义军的头子，成了金庭和宋庭口中的盗贼。好在宋高宗正处于一种欣喜若狂的胜利情绪中，大赦天下的诸多条款中，有一条专门为起义军而立，“在山者为盗贼，下山者为良民”。

机会只有一次，一心归宋的辛弃疾，自然不肯放过。管他熙熙攘攘阳关道，既然选择了这座独木桥，便要一往无前地走到黑。

壮岁旌旗拥万夫，锦襜突骑渡江初。燕兵夜娖银胡䩮，汉箭朝飞金仆姑。

追往事，叹今吾，春风不染白髭须。却将万字平戎策，换得东家种树书。

成功的大门往往虚掩着，只要你勇敢去推，他就会豁然洞开。前二十一年，辛弃疾一直在观望，静待南归的时机。经过两年的征战杀伐，他终于推开了南宋朝廷的大门，推开了他的命运之门。

站在人生的十字路口，他向耿京献计南归，详细分析了时下的处境和未来的局势。辛弃疾的真诚与谋略赢得了耿京的赞同。但一时间，他仍心有忌惮。于是，辛弃疾自荐做一把敲开南宋大门的匕首，在宋绍兴三十二年年底，与诸军都提贾瑞率领部下先行一步向临安进发。第二年年初，在建康得到了高宗的召见。

有些梦想，看似遥远却触手可及，而有些梦想，看似近在眼前，伸出手却什么也摸不到。从济南到建康，不过翻过几座山，渡过几条河的距离，历时几个月便也到了，可他想再次踏上战场驱金出境，收复失地，却是终其一生也未能做到。

南归前，他是那个两赴燕京，率兵起义的少年英雄。南归后，他只叹年华空逝，壮志难酬，不是在边远的地方做着几个不为人知的无名小官，就是掉入了带湖的山水清欢里，进退两难。

这首《鹧鸪天》是辛弃疾晚年隐居瓢泉时所作。上阕忆旧，即是回忆自己少年时骑着快马，带领义军，和金兵战斗时那酣畅淋漓的景象。“壮岁旌旗拥万夫，锦襜突骑渡江初。燕兵夜娖银胡䩮，汉箭朝飞金仆姑。”他说当年自己揭竿起义，在耿京军中时，曾带领数万名义士，纵马突袭金国的军营。当金兵还在准备箭袋之时，汉军的飞箭就已经射穿了他们的营帐。

不论过了多久，年少时的英勇事迹，一直在辛弃疾的脑海中回荡浮现，念念不能忘。然而正如词至下阕的无奈与荒凉，辛弃疾的后半生只留一句“追往事，叹今吾，春风不染白髭须”。清风或许能将往事吹散，却不能将其湮灭。他追忆着往事，也感叹如今的自己。

最后一句“却将万字平戎策，换得东家种树书”。孤身涉险，两赴燕京，只为探得情报。南归后他曾写下两本著名的兵书《美芹十论》和《九议》，其中字字句句，都是攻打金国的良策，却无情地被朝廷的“主和派”搁置在一边。此间的种种无奈滋味，只有他自己知晓。

在时光的缝隙中，他痴痴地回望一生的时光。满面风霜之时，想起年少时“旌旗拥万夫”的勃发英姿，恍如隔了一个世纪一般，清晰可见却不再回来。

他以为南归是他理想开始的地方，只要自己一直行走下去便能找到归宿，却不知他脚下的这条独木桥，是多少前人用鲜血造就的。他以为祖父的逝去是他生命里最残忍的事情，殊不知一切才刚刚开始而已。

第二章 南归游宦意难平

夜空万变，移星换斗；乱世无常，兵荒马乱。二十三岁之前，他揭竿起义，醉卧沙场，是个不折不扣的英雄。二十三岁之后，他奉表南归，报国无门，是个愁肠百结的词人。上天从来都是这般不偏不倚，得到与失去在辛弃疾的人生天平两端，时刻保持着平衡。

侠骨柔情成佳偶

春已归来，看美人头上，袅袅春幡。无端风雨，未肯收尽余寒。年时燕子，料今宵梦到西园。浑未辨，黄柑荐酒，更传青韭堆盘？

却笑东风，从此便薰梅染柳，更没些闲。闲时又来镜里，转变朱颜。清愁不断，问何人会解连环？生怕见花开花落，朝来塞雁先还。

——《汉春宫·立春日》

如若一个人的一生是一棵树的话，那么少年时的爱与柔情便是深深扎在心土里的根。它们死寂多年，与岁月的风风雨雨相伴，却永远无法拔出。不过往往也是拥有这颗心的主人不愿将它们除去，因为在过去的某段时光里，这些枯萎的老根也曾长出情感的翠叶青枝，开出希望的水木清华。

不同的人对爱情有着不同的定义，致使这世上的爱情有许多种模样。可以是青梅竹马，两小无猜，譬如纳兰容若和他的表妹。他们曾在明府的花园里，上演着一出出“郎骑竹马来，绕床弄青梅”的青涩纯真。

也可以是如“妾拟将身嫁与，一生休”的倾心相许，譬如司马相如和卓文君。“凤兮凤兮归故乡，游遨四海求其凰，有一艳女在此堂，室迩人遐毒我肠，何由交接为鸳鸯。”当年司马相如向卓文君求亲的一曲《凤求凰》，情真意切，热烈动听，被世人传唱至今。

当然，大多数人的爱情都是被现实需要的模样。尤其是在古代，男女的婚姻不仅要听从“父母之命，媒妁之言”，还要讲究门当户对，衡宇相望。这样的婚姻，可以成就一段段血浓于水的亲情，但往往开不出爱情的浪漫花朵。在时代的大环境下，辛弃疾亦逃不过被包办婚姻的命运。

古人常说：“父母之恩，昊天罔极。”但辛弃疾的父母在他年幼时便双双亡故了，所以他的良缘是由祖父定下的。约莫在他十六岁到十八岁之间，在祖父和族中长辈的主持下，他在汴京立业成家。

历史的长河中不乏有许多侠骨柔情的爱情故事。一个是征战沙场，大杀四方的铁血英雄，另一个是抚琴弄歌，浮沉随郎的窈窕淑女。他们的风流韵事，就像一个有着无限引力的磁场一般，时时吸引着过路的人们踮脚观望。

遥想三国之时，少年公瑾雄姿英发，不仅取得了赫赫战功，还娶得了江东第一美人小乔。美女配英雄，乱世与佳人，是最令人憧憬的组合。后来，世人还常常将他二人的故事入诗入画。

“力拔山兮气盖世”的西楚霸王项羽，果断大胆，刚愎自用，有锋芒的矛，却没能有自我保护的盾。他为人处世一向是雷厉风行，但当他醉卧于虞姬柔情无限的怀中时，百炼钢即化作的绕指柔，他那冰冷的铁血也慢慢变成了指尖的柔情。

坚毅的外表下，永远是一颗充满柔情的心。辛弃疾生于乱世，又被后人冠以“英雄”的头衔，他的爱情自是逃不出这个定律的。

关于他的妻子，确系为一个神秘女子。后人翻遍了一沓沓灿若繁星的辛词，除了得知这个与辛弃疾成婚的女子姓赵，其他的竟一无所知。人们常说是因为他爱得太深切了，深切到自私，所以连向世人分享一点他们的喜悦都不愿意。

世人总想在各种史籍中探知一些辛弃疾和他的发妻之间

的爱情故事，可寻寻觅觅了许多年，除了得到一首《汉春宫》，便再无其他。他们的故事就像这浩如烟海的史籍一样，伴着时光越走越远，也越来越珍贵。

辛氏一族书香门第，世代为官，想来辛弃疾所娶的妻子赵氏也应是出身于官宦世家，若不是一个气质高贵的名门望女，也必当是一个知书识礼的小家碧玉。虽然在卷叠浩繁的词章中见不得她的全貌，但那“犹抱琵琶半遮面”的朦胧之美，却是留给世人无尽的想象空间。

这首《汉春宫》是辛弃疾南归后写的第一首词作，当时在江阴任签判一职。彼时距离归宋之时已经过去整整一年了。一年的时光，对于平凡生活里的普通人来说，就像手里的流沙，不论是紧握还是摊开，倏忽间就从指缝里滑落。他们从不在意时间的流逝速度，反而是在享受着这平淡的生活里，时时刻刻的幸福。岁月静好，现世安稳，大抵就是这个样子。

但是对于心中装着一头猛虎的辛弃疾来说，这一年就像一把无情的刻刀，他一点点看着它将他的生活雕刻成他最不想成为的模样，却无可奈何。江阴这个弹丸之地，从来容不下他收复中原，归一南北的理想抱负。恁他风景千般好，也阻挡不住一颗想上场杀敌的铁血丹心。

辛弃疾的热血理想，赵氏从来都是知道的。不然她也不会一直站在他的身旁，眼看着他去燕京赴险，去聚众起义，最后奉表南归。这些刀口舔血的日子，她都一直默默陪在他身边。她知道，如果不能和他一起并肩杀敌，也一定不能做他追梦路上的绊脚石。

相濡以沫，经常是人们所向往的夫妻生活，而理解与懂得，则更是可遇不可求的美好品质。赵氏对辛弃疾的情感，正是热爱中多了一份包容。她愿意在他杀敌负伤时，为他包扎鲜血淋漓的伤口；在他得胜归来时，陪他醉笑三千场，不诉离殇。

无疑，在辛弃疾心里，赵氏就是他唯一的妻。在江阴的两年时光里，幸而有她一直陪伴在身侧。虽然这个偏僻的小城让他与梦想相隔十万八千里，但细数岁月铅华，充盈其间的除了他漫漫长夜里有声无声的叹息，还有赵氏温柔且有力量的安慰。

赵氏何其贤惠，辛弃疾何其有幸！他眼里的赵氏，不仅有着沉鱼落雁的花容月貌，更有着一颗可以时时抚平他的创伤的良善之心。她眼里的辛弃疾，也不只是可以给她疼爱，护她安好的保护伞，还是她满心崇拜，刚中有柔的铁血英雄。

春已归来，看美人头上，袅袅春幡。无端风雨，未肯收尽余寒。年时燕子，料今宵梦到西园。浑未辨，黄柑荐酒，更传青韭堆盘?

却笑东风，从此便薰梅染柳，更没些闲。闲时又来镜里，转变朱颜。清愁不断，问何人会解连环？生怕见花开花落，朝来塞雁先还。

这世上的爱情无所谓幸福与不幸，只是有两种截然不同的情况，在被世人不断比较。其实到最后得出来的结论也无非只有一个，所谓幸福就是快乐，不幸就是悲伤。大仲马曾说只有体会过极度不幸的人才能够品尝极度的幸福。诚然如是，于辛弃疾来说，不能纵身上马，斩杀金贼就是不幸，有妻子相伴，共赏春光，就是幸福。

立春之时，天上的云朵洁白轻盈，在仍然有些凛冽的寒风的推动下，颤巍巍地躲避着太阳的光芒，生怕触碰这耀眼的阳光，一时间被照得烟消云散。这是昔日在西园（汴京）时立春的样子。

那时候，祖父时常告诉辛弃疾，一日之计在于晨，一年之计在于春。立春这一天是充满希望的日子，因为这一天的天空上飘荡着骊歌，很多沁人心脾，芬芳百世的故事都还未曾上演。就像一个人的未来，如若不想百年之后被时光匆匆湮没，必得要在这世间留下点什么。哪怕是一丝浮云，几纸文字，总得证明自己在这世间分明地存在过。

许是江南的春天多了份烟雨迷濛，致使立春这一天的江阴别有一番景致。这些景象是他此前在北方不曾看过的，心境却是有几分雷同。他说："春已归来，看美人头上，袅袅春幡。无端风雨，未肯收尽余寒。年时燕子，料今宵梦到西园。"

江南的春天，冬日的寒意尚未褪尽，时有风雨送寒，洇湿大地。去年南飞的燕子，再过些时日，也应该梦回西园了罢。此时辛弃疾的心中未免心酸，想到自己也曾是率领万人大军，冲锋陷阵的沙场英雄，如今竟屈居于这偏远的一隅之地当个不为人知的文官。

曾经繁华极盛的大宋都城汴京还在金人的霸占之下，无法回归。身在临安府的朝臣们莫不如把这座临时安定的杭州城改作长安，起码实在。辛弃疾未曾见过汴京城当年的荣光，却曾听祖父说过不少。他在微弱的记忆里遍寻西园的繁华，却只得"料今宵梦到西园"七个字。

"清愁不断，问何人会解连环？生怕见花开花落，朝来塞雁先还。”南归的燕子，做梦都想回到汴京城，宋庭的朝臣们如何还能在临安府的旖旎风光里高枕无忧？辛弃疾只有在看着妻子登发上的袅袅春幡之时，才能得到些许慰藉。

赵氏并非是浓妆艳抹之人，她是再玲珑不过的，本就拥有着旁人无法比拟的姣好容颜，即使不做太多的装扮，在辛弃疾眼里亦是一笑倾人城，一顾倾人国的绝世美人。

看着妻子的一颦一笑，与这江南的绵绵烟雨互相映衬，满腹经纶的辛弃疾竟一时语塞，找不到合适的语言去称赞。大道至极，删繁就简。在辛弃疾的眼里心间，他的妻，就是一个简简单单的“美人”。

关于美人之美，自古便有许多文人墨客提笔赞颂，或写就一首首动人的诗词，或画成一幅幅亭亭玉立的丹青。在曹植的笔下，美人之美，仿若桃李。他说：“南国有佳人，容华若桃李。”在李白的笔下“美人如花隔云端！上有青冥之长天，下有渌水之波澜。”此女之后，千秋无绝色。

两汉时的宫廷音乐家李延年，在见到美人时，如痴如醉之余还不忘了称赞，他说：“北方有佳人，绝世而独立。一顾倾人城。再顾倾人国。宁不知倾城与倾国。佳人难再得。”然而在辛弃疾眼里，他的“美人”只有一个，就是他的妻子赵氏。

她或许不是怒放的桃李，不是天上的白云，也不是倾国倾城的佳人，但她始终都是辛弃疾心中一剪最明媚的白月光。在无涯的时光里，在飘零的乱世中，永远为他照亮回家的路程。尽管多年以后，他的心里只剩一片枯根，但只要辛弃疾一想起他的发妻，他的世界就会格外明朗，绚如朝霞。

江阴风雨闲愁极

家住江南，又过了、清明寒食。花径里、一番风雨，一番狼籍。红粉暗随流水去，园林渐觉清阴密。算年年、落尽刺桐花，寒无力。

庭院静，空相忆。无说处，闲愁极。怕流莺乳燕，得知消息。尺素如今何处也，彩云依旧无踪迹。谩教人、羞去上层楼，平芜碧。

——《满江红·暮春》

江阴，这座让人一往情深的小城，或许没有冠绝天下的山水，没有跌宕起伏的故事，但自古以来就承载着许多文人墨客的足迹。他们漫步在江阴的历史小道上，与绵绵烟雨不期而遇，把最好的年华雕刻在斑驳的城墙上，慢慢沉淀，而后成为江阴古老的记忆。

著名作家叶兆言曾说："江南文弱，江阴人文而不弱，有古代吴人之遗风。"毕竟这是一座有着几千年岁月的江南古城，且不说萦绕在整座城上空的水乡韵味，单只城里的一条小巷，一块青砖，也都回荡着历史的遗音。

小城如酒，为江阴城几千年的春花秋月所酝酿，为江阴人几千年的清露寒雪所封存，其味柔和，其意隽永。

小城如诗，一如南北朝江淹的《清思诗》。诚如诗人所言："倏忽南江阴，照曜北海阳。从此长往来，万世无感伤。"

世人只要来过江阴，与一条条悠长又幽深的小巷邂逅，与一座座巍峨又伤感的高楼相遇，此后便不会忘记这里的时光。一如"人格自足千古"的苏轼，又如"男儿到死心如铁"的辛弃疾。

许是辛弃疾奉表南归之后，宋高宗将他的起义军整编进南宋的军队，对他的待遇便不如初见时那般好，原本许诺于他右丞务郎的官位，又将他改任江阴签判。此后，这个曾率领数万将士征战沙场，抵抗金贼的少年英雄开始了他宦游的生活。

这时候的他，尚且不知自己将要在南宋的这片土地上辗转二十余年，心中虽有伤感，但更多的还是期待。被南宋朝廷视为“归正人”的他，自知当下还未完全取得临安府的信任，唯有戎马一生，立下赫赫战功，方不负自己为国收复山河的一颗决心。

想起曾经每日饭后，祖父都要带着他和族中子弟登高望远，指画山河，他的信念便又坚定一分。想起济南府、谯县、汴京城每个宵寝晨兴的日子里，每日与兵书长剑为伴，他的力量便又增强许多。尤其是，当他想到当初两抵燕京探军情，聚众起义归南宋的往事时，他的嘴角总是上扬着的。

是啊，他从没有怀疑过自己不能实现这个梦想，也不曾想到谁会阻断他要走的这条路。即使是在宦游江南的数年里，他也一直相信自己的人生从来不是无疾而终的逗号。既然无从选择所在的时代，便只管在这短短数十年的生命旅程里，将自己塑造成一个惊艳尘世的感叹号。于小我而言，此生足矣；于大我而言，也无遗憾。

辛弃疾确实做到了这点。纵然他执着一生，都未能竟统一南北，恢复山河的梦想，但他的成就绝不是在回望一生的过去，而是在愈来愈明亮的将来。点亮他的人生的，不是他梦寐以求的战场，而是拓落不羁的词坛上，那一首首稼轩词。

人生的起点太高，往往会让人对将来的时日做过分的期待，包括自己。于少年辛弃疾来说，当初在汴京城揭竿起义的锐气，在耿京军中掌握大印的威风，在沙场上奋勇杀敌的一腔热血，这一桩桩，一件件壮举，在他的记忆里都是鲜活地存在着的。

时间的指针不会为谁的失意而止步不前，记忆有多鲜活，现实就有多露骨。宋绍兴三十二年六月，宋高宗以“倦勤”，宜多休养为由，让位于他的养子赵昚，庙号宋孝宗。作为南宋的第二位皇帝，世人赞他性恭俭，卓然为南渡诸帝之称首。堪得后人如此评价，必是有他的一番作为。

刚刚登基的皇帝总是想做出一点功绩来，为朝臣称赞，为百姓歌颂。诚然，对于当年的“靖康之耻”，宋孝宗的心里一直是记得的，他迫不及待地想夺回失去的河山，将都城重新迁回汴京，将临安重新改为杭州。

不雪前耻，如何安民？宋孝宗即位的次月，便颁发手谕，将张浚召回临安，共商恢复中原的策略。同年十一月，他下诏为抗金英雄岳飞平冤昭雪，同时剥夺了大奸臣秦桧的爵位。

一道道诏书从临安府的黄金台上传了下来，乘风沐雨，踏浪行歌，不久便传到了江阴。此时的辛弃疾在江阴签判任上已经一年有余了，听闻消息的他早早就将身旁的长剑擦拭再三，只差朝廷的一声传召，他就纵身上马，拼死杀敌。

宋孝宗重整山河的信心，像一缕温暖的清风，吹走了凛冽冻人的寒冬，吹来了一片春暖花开的光景。此时的辛弃疾像极了雨后春笋，豪情壮志拔节而生，又若夏日里的红莲，热血沸腾，不断燃烧。

大战在即，攻略在心。对于一心报国的辛弃疾来说，等待，是最煎熬的岁月。半载过去，他仍未等到朝廷的调令，失落伤感之余，他从不轻言放弃。毕竟这世上每个人的一生，都不过是在时光的罅隙里做的一场梦。辛弃疾亦如是，浮梦三生，只为这一场酣畅淋漓的保卫家国之战。

既然等不到朝廷的传召，辛弃疾便选择了主动出击。当年深赴燕京探悉的情报图，他一直随身携带着。他知，这是比身家性命还重要的东西。如今他眼看着宋金的战火即将燃起，无计之下，只能亲自去探访抗金老将张浚。他拿出地图，一一为将军讲解北金的地形和军队布防，并将他的北伐大计悉数告知于张浚。

当张浚听完他"分兵伐虏"的北伐计划后，辛弃疾原以为他这条池中之鲤，终于跳脱了一方池塘，跃龙门更是指日可待。然而，不知是命运对他吝啬，还是这时代要一寸寸将他的梦想泯灭，他倾尽全力也换不来一个上场的机会。南归前所有时日的积淀，却只得张浚“某只受一方之命，此事恐不能主之”的冷峻答复。

张浚一意孤行，并未采取辛弃疾的北伐妙计。亲赴燕京刺探情报的人不是他，独行其是的后果亦可想而知。宋孝宗隆兴元年四月，当这场浩浩荡荡的北伐之战打响时，辛弃疾就已经预料到了结局。果真，五月下旬，南宋大军在“符离之战”中血流成河，败走南归。一场筹备良久的北伐大战，轰然中断。继之而来的，是屈辱的“隆兴和议”。

在张浚率领大军出师北伐的那一刻，辛弃疾就已经知道这场战争的结局，必是以南宋惨败收场。偏偏他只能亲眼看着无数将士战死沙场，而自己却在江阴的温风软雨里无能为力。

许久之前，他还以为宋孝宗会传召他入临安，纵算不能与众朝臣们一起商量北伐大计，也能够踏上战场，为国出一份力。谁知他们都忌惮他的身份，并给他戴上了“归正人”的帽子。宋廷将他驱往江阴之前，还不忘为他整理衣领，拍拍他的肩膀对他说：“幼安此去，诸事小心。”实则暗含一句“不必再归”。

家住江南，又过了、清明寒食。花径里、一番风雨，一番狼籍。红粉暗随流水去，园林渐觉清阴密。算年年、落尽刺桐花，寒无力。

庭院静，空相忆。无说处，闲愁极。怕流莺乳燕，得知消息。尺素如今何处也，彩云依旧无踪迹。谩教人、羞去上层楼，平芜碧。

在这宇宙洪荒里，人是最渺小不过的存在。我们生活在一个三维世界里，对于时间这个维度总是心怀诸多无奈。人们无法阻止它的流逝，也不能挽留住些什么。一年四季，不断轮回，实则是一往无前地消逝。它才不会管哪个季节里是否有段刻骨铭心的情感，有一无法忘怀的人或事。

在江阴的两年，辛弃疾虽过得安稳，但也是清愁不断。他每天眼看着太阳追逐明月，夜幕又驱走黄昏，就这样在这里和时间一起散步，走过夏日，走过深秋，挨过寒冬后，又到了暮春。

寒食已过，清明又去，辛弃疾站在落红满径的小径上，正“享受”着一场风雨带来的洗礼。他看着眼前被绵绵烟雨打湿的庭院，不禁吟出一首《满江红》。他说：“红粉暗随流水去，园林渐觉清阴密。算年年、落尽刺桐花，寒无力。”一场春雨一场暖，一个骁勇善战的将士也有细致的一面。他是计算过的，每年当刺桐花落尽之时，寒意也随之一起消逝了。

也是，朝廷将他派往这样一个充满诗情画意的江南水乡，平日里闲来无事，也只得将自己的时日都交付给江阴的一花一草，一亭一阁了。“一番风雨，一番狼藉”，正是血雨腥风的“符离之战”后，大宋山河的模样。

江阴景美，奈何乱世，这一隅之地始终装不下他的满腔抱负。对着江阴的草木花鸟，他当真是“无说处，闲愁极”。任凭草木零落，满城风絮，他依旧抓不住梦想的尾巴，得不到宋孝宗的赏识与重用。

这一番风雨之后，他才开始明白，自己不过是宋金对弈时的一颗棋子，落定之后，便无用处。纵然他心中有万般不甘，也无可奈何。

两鬓春色洗胡沙

千里渥洼种，名动帝王家。金銮当日奏草，落笔万龙蛇。带得无边春下，等待江山都老，教看鬓方鸦。莫管钱流地，且拟醉黄花。

唤双成，歌弄玉，舞绿华。一觞为饮千岁，江海吸流霞。闻道清都帝所，要挽银河仙浪，西北洗胡沙。回首日边去，云里认飞车。

——《水调歌头》

这世上有一种人，处境越是凄惨，他的斗志越是昂扬。大抵是自小受的苦难太多了，一路披荆斩棘过来，竟不觉得眼前的困境有多难走出。正如李太白《行路难》中所言：“长风破浪会有时，直挂云帆济沧海。”直面苦难，迎难而上，确实是很多人修炼一生，都不能达到的境界。

我们从小到大，在书本上，在生活中，看到过许多人身处困境依然百折不挠，历经苦难方成奇珍。

譬如唐朝的刘禹锡，被贬之后才创作出字字如珠的惊艳之作。秋天，在大多数人眼中都是悲寂的，偏他认为秋色宜人，有胜春日。我们自小便记得那句“自古逢秋悲寂寥，我言秋日胜春朝”，还有那句芳菲百世的“晴空一鹤排云上，便引诗情到碧霄”，每每读罢，都觉得他其实不是一个被贬的游宦，而是找回了真正的自己。

刘备三顾茅庐才请得诸葛亮出山，助他匡扶天下。爱迪生试验了数千次才发现可以照亮黑暗的灯丝。辛弃疾在破裂的国家面前，也仍然没有忘记他心中的北伐梦。

在江阴任了两年签判后，辛弃疾曾被调任广德签判，没多久又被朝廷的一纸调令遣去建康做通判。这些职位无非都是些文职外官，安逸且清闲。不管他在任上如何兢兢业业，却终究不是他心底所求。他深知在这些职位上一辈子都不可能找到出路，更遑论踏上沙场，驱赶金贼。

纷乱的时代恍若黎明前的黑夜，人们只要看到一丝光明，心中就会充盈无数希冀。他们相信，只有挨过漫漫长夜的人，才能等得来黎明。辛弃疾就是这黑夜里千万人中的一个，他一直在等待，一直在为北伐做准备。即使他在文官任上有十年之久，也没有一刻放松。每日卯时起床练剑是他的决心，每晚饭后研读兵书是他的沉淀。

他知南宋的一时妥协，并不能换来永久的和平。只要北金霸占大宋的半壁江山一天，它就会一直觊觎江南的秀美山川。如若南宋不秣马厉兵，北金陈兵淮河之畔的那天只怕会来得更早。

只叹临安城内的“千株柳韵，十里荷香”太过温柔，让身处其间的南宋王朝沉溺其中，一时忘了国仇家恨。辛弃疾在他们眼里，不过是在“归正人”之列。他是谁，他有怎样的理想抱负，根本无人理会，也无需理会。

“隆兴和约”之后的南宋，就像一个站在悬崖边的巨人，摇摇欲坠还不自知。朝廷之上，主和派的阵营已经占据了崇政殿的大半空间。曾经信誓旦旦要重整山河的宋孝宗，也在“隆兴和约”之后变得谈战色变。金兵的铁骑，让彼时的南宋废池乔木，犹厌言兵。此时的辛弃疾想要实现恢复山河的夙愿，一如蜀道之难，难于上青天。

纵算有千万个辛弃疾，也无法改变南宋佯装盛世的局面。

多年以前，他站在人生的路口，做了一个重大的抉择——起义南归。直到今天，他虽一直被宋庭排挤冷落，却从未后悔过。祖父曾教导他要像唐朝戍边将士那样“黄金百战穿金甲，不破楼兰终不还”，要像抗金英雄岳飞一样“驾长车，踏破贺兰山缺。壮志饥餐胡虏肉，笑谈渴饮匈奴血”。

这些豪情壮志，自小就深深根植于他的心间，所以一时的沉寂是不会消磨他征战金国的决心的，反而是给了他充分准备的时间。不论是在江阴、广德，还是建康，他脚下的每一块青砖，庭院墙壁上的每一道剑痕，都是他奋战的光阴。他坚信，他的身影终有一天会出现在他梦寐以求的战场上。

十年磨一剑，霜刃未曾试。当一个人沉淀的时日足够久的时候，他将要爆发出来的力量往往是惊人的。十年厚积，一朝薄发，辛弃疾一直等待的无非是一个机会。

千里渥洼种，名动帝王家。金銮当日奏草，落笔万龙蛇。带得无边春下，等待江山都老，教看鬓方鸦。莫管钱流地，且拟醉黄花。

唤双成，歌弄玉，舞绿华。一觞为饮千岁，江海吸流霞。闻道清都帝所，要挽银河仙浪，西北洗胡沙。回首日边去，云里认飞车。

奉表南归数年以后，恢复大宋山河一直是辛弃疾心中的执念，他也自知处境如何，懂得一味地在黑夜里磨刀砺剑，并不是一个满怀壮志的勇士应有的样子。若要雄鹰展翅，恢复当年在战场上的勃勃英姿，须当徐徐图之，方能得见光明。

混迹南宋官场多年，他早已深谙为官之道。立志是为官之基，志高则虑远。《格言联璧》中有言："志之所趋，无远弗届，穷山距海，不能限也。志之所向，无坚不入，锐兵精甲，不能御也。"关于立志这一点，辛弃疾可谓是有过之而无不及。他一生所愿只有一个，便是"居天下之广居，立天下之正位，行天下之大道"。

德行是为官之魂，德厚则威高。王安石曾说过："修其心治其身，而后可以为政于天下。"辛弃疾深知在这个乱世飘零的时代，一个德行清正的高官对于百姓，对于下游的小官是多么重要。这样的人于辛弃疾来说是知音，更是伯乐。他需要借力一阵好风，助他青云直上，守卫家国。

有人说，人们有着一双善于发现又善于忽略的眼睛，常常只会看到那些与自己心灵契合的人或物。辛弃疾一直深信"相知无远近，万里尚为邻"。

"杨意不逢，抚凌云而自惜；钟期既遇，奏流水以何惭？”诚如王勃所言，如果司马相如没有遇见杨得意，怕是永远都不能在汉武帝面前奏弹《大人》之颂，得到天子“飘飘有凌云之气”的称赞。得遇杨得意是司马相如之幸，否则他就只能抚弄着凌云之赋，整日叹息。

如同司马相如遇见了杨得意，伯牙既遇见了钟子期，弹奏《高山流水》亦没有什么可羞愧的。所谓相识满天下，知心能几人。一旦遇到了，便是一生挚友。也如辛弃疾，遇见了赵介庵。

自宋朝开国以来，各路就设转运使，负责催征赋税，出纳钱粮和水上运输等事。到了南宋，这等职位改称漕司，并未改其本质。彼时辛弃疾在建康任通判一职，而赵介庵时任江南东路计度转运副使，常驻建康。

一座城市的范围说大也大，说小也小。说大时，它可容下几千年的建城史。和平与战乱，在城里反复上演，而后积淀成这座城市的文明。说小时，它就是一个修炼场。不管外物如何阻隔，城里的两个人若是知心的，穿过摩肩接踵的人群，总会相遇。

建康，就是辛弃疾与赵介庵友情升华的修炼场。一个是驰骋千里的渥洼神马，名噪帝王之家。一个是力大无比，形如青兕的战场英雄，昔日高宗为之三叹。一个“金銮当日奏草，落笔万龙蛇。”颇有文采，落笔万言，如走龙蛇。一个立志“了却君王天下事，赢得生前身后名。”将出兵北伐，驱逐金人，作为毕生的愿望。

这首《水调歌头》是辛弃疾为赵介庵所作的贺寿之词。上阕称颂介庵的丰功伟绩，赞他“带得无边春下，等待江山都老，教看鬓方鸦”。辛弃疾是欣赏他的，只看赵介庵两袖清风，为国为民的雅正节操，他就能将介庵比作明媚的春天，赐福百姓，温暖人间。

物以类聚，人以群分。大抵是辛弃疾从赵介庵身上看到了自己的影子，看到了当年那个生擒叛贼张安国，怒杀倒戈之徒义瑞和尚，一心为宋的铁血将军，才将自己的理想抱负融于词句里。他说：“要挽银河仙浪，西北洗胡沙。”赵介庵是懂他的人，在这有隐有秀，跌宕生姿的词句背后，是辛弃疾慷慨热烈的豪情和深厚浓郁的爱国之情。

后人评析辛弃疾的这首词说：“寿词难免溢美过誉，虽稼轩莫外。风云际会，大展雄图，勉友亦自勉，正是时代最强音。”诚然，这首《水调歌头》虽是贺词，却将辛弃疾奇丽的思想和飞动的文笔表现得极致。乐观昂扬又不失浪漫，风格明快却还豪放，自有脱俗之处。

建康凭吊志难酬

我来吊古，上危楼、赢得闲愁千斛。虎踞龙蟠何处是，只有兴亡满目。柳外斜阳，水边归鸟，陇上吹乔木。片帆西去，一声谁喷霜竹。

却忆安石风流，东山岁晚，泪落哀筝曲。儿辈功名都付与，长日惟消棋局。宝镜难寻，碧云将暮，谁劝杯中绿。江头风怒，朝来波浪翻屋。

——《念奴娇》

南京这座古城，在历史上的名号很多。春秋之时，她被称为冶城，只因吴王夫差在朝天宫一带开办冶铸铜器的手工业作坊。后来越国灭吴后，范蠡在中华门外的长干里修筑城池，她又被称为越城，

布局优雅，大兴城墙，算是开了一众城池的先河。

再后来，世人又给她换了许多名字，不同朝代有不同的含义。譬如金陵、秣陵、丹阳、江宁、建康、集庆路、应天府等。不论如何，相较于她最初的称呼，确是优雅很多。

到了宋朝时，她的名号是建康。距离建城之时，这座小城已经沉淀了数千年。斑驳的城门翻修了一次又一次，依然掩盖不住这座城市古老又厚重的历史痕迹。

历史是时间的线索，能被史官记录在册的从来都是有足够盛名的人和足够盛大的事。史书的格律给予这座城市简单而清楚的发展脉络，却将小城的平凡拒之门外。史册里有硝烟战火，有朝代兴亡，而它的背后还有春花秋月，爱恨情仇。这些，无一不是构成建康城一段段风流往事的必备元素。

从古至今，许多失意的文人选择在这座城市里疗伤，都无非是和这座城市一样伤感。建康城里的故事太多了，以至于他们在看到城里的一山一水，一草一木时，都能生出忧愁的情愫。

看，朱雀桥边的野花开得正盛，乌衣巷口的夕阳还是那么红。刘禹锡行走在金陵城里，一边漫步，一边感慨。只叹一句："旧时王谢堂前燕，飞入寻常百姓家。"晨光夕忆，一切早已物是人非。时局易变，王谢之堂也已成了寻常百姓之家。

"古繁华茂苑，是当日、帝王州。"建康自古繁华，与她曾经是六朝古都不无干系。只是在文人眼里，一个地方曾经有多繁华，现在就有多落寞。因而东坡先生才说建康是："千古龙蟠并虎踞。从公一吊兴亡处。"单只这里的六朝遗迹，就能让匆匆赶路的人不由自主地停下脚步。

小城如四季，有荣就有枯，有盛就有衰。世人大多只看到建康曾经盛极一时，却未发现其暗淡的光阴比灿烂的年华还要长久。只有极少数人能感知这城市的悲伤，并作情感传递的大使，写出同样伤感的词句。

有的人，置身于建康城中，将这座城当作自己生命里的一部分。诚如南唐后主李煜，在面对失去的都城，被灭的国家时，他的诗词里除了忧愁伤感，还夹杂着深深的爱国之情。当他被宋太祖囚禁在汴京之时，没有一刻不在怀念自己的家国。

汴京的东风吹来一阵凉意，也吹起了他思念故国的愁绪。月光清冷的夜晚，他写下："春花秋月何时了？往事知多少。小楼昨夜又东风，故国不堪回首月明中。雕栏玉砌应犹在，只是朱颜改。问君能有几多愁？恰似一江春水向东流。"江水载着李煜的离愁向东流淌，一路辗转奔波后，一定会将他的故国之情带入秦淮河。

有的人，站在建康城外，只是历史时空里的一个凝望者。他们的忧愁不是源于对这座城市有着李煜般深沉的爱，而是在经过时，看到了小城繁华背后的苍凉，一时动了恻隐之心。

譬如王安石和他吟咏的《南乡子》。他说："自古帝王州，郁郁葱葱佳气浮。四百年来成一梦，堪愁，晋代衣冠成古丘。绕水恣行游，上尽层楼更上楼。往事悠悠君莫问，回头，槛外长江空自流。"时移势迁，深叹今日已非昨。回头，也只能看见一江春水兀自向东流。

还有一种人，不论到了哪里，心里都有一份国破家亡的牵绊。不论脚下的土地是肥沃还是贫瘠，不论头上的天空是晴空万里，还是乌云密布，不论面前的城市是虎踞龙蟠，还是断井颓垣，他的眼里"只有兴亡满目"。

我来吊古，上危楼、赢得闲愁千斛。虎踞龙蟠何处是，只有兴亡满目。柳外斜阳，水边归鸟，陇上吹乔木。片帆西去，一声谁喷霜竹。

却忆安石风流，东山岁晚，泪落哀筝曲。儿辈功名都付与，长日惟消棋局。宝镜难寻，碧云将暮，谁劝杯中绿。江头风怒，朝来波浪翻屋。

如果说一段如胶似漆的爱情里，相思是一曲历久难移的词章，那么一定是苏轼的《江城子》。字字深情，句句成伤，九百多年无人能超越。很多人能朗朗读出“十年生死两茫茫，不思量，自难忘”一句，并有些许感伤。我独喜欢“相顾无言，惟有泪千行”一句。无言即深爱，苏轼对亡妻的爱，正是他缄默的程度。

如果说在一次充满诗意的悼古过程中，登高是词人永远戒不掉的忧愁，那么这万千词作里，一定有辛弃疾的《念奴娇》。和其他词人一样，都是愁肠千结，又和其他词人不同，他只说自己是“闲愁千斛”。

闲愁无极，却多了几分山河破碎的凝重。登高怀古，独上危楼，这危楼正是处在悬崖边的南宋。写这首词作时，辛弃疾已经在建康任上七年了。七年的日暮轮回，都只为一个美好的希冀。他告诉自己，入暮如陌，只要心中有光，每一天都将是一个新的开始。这样的时日过得久了，就连他自己也未发现有什么不妥，直到……登上建康的赏心亭。

古时文人最注重修身养性，因而衍生出许多雅事。诸于焚香品茗、吹箫抚琴、吟诗作画、登高远游、对酒当歌之类，的确大大丰富了文人墨客的生活情趣。我心可取尺寸，觉得其中一件雅事颇为有趣。古人每每登高望远，凭吊古迹，虽然口中一再说着“休去倚危栏”，笔下也总是写着如“尽成万古遗愁”一般的词句，却从未停止登高的脚步。

或许是一个人在处于凄迷的境地时，也希望看到一些悲凉的景色与自身相称。

“柳外斜阳，水边归鸟，陇上吹乔木。片帆西去，一声谁喷霜竹。”登上建康亭后，眼前的景色果真没有令辛弃疾失望。那般凄迷，那般孤寂，像极了他的心境。辛弃疾目之所及之处，极为辽阔。

夕阳的余晖透过层层暮霭，洒在迷茫的柳树上。水边觅食的鸟儿见天色将暮，也急促地飞回窝巢中。冷风飒飒，掠过荒凉的丘垄，又吹拂着不可休思的乔木。秦淮河上，一只孤独的小船正匆匆西去。他仿佛看到那船上所载的，正是建康的兴亡史。

“却忆安石风流，东山岁晚，泪落哀筝曲。”他的目光跟随着小船一同远去，格外专注。恰恰此时，不知是谁突然吹起了哀伤的寒笛，陡然间，他像是去到了同样是乱世的东晋，看见了谢安石运筹帷幄，决胜千里的征战画面。

辛弃疾的敬佩之情溢于言表，想起在淝水之战中，谢安石作为东晋的总指挥，以八万兵力打败了号称百万之师的前秦军队，那时的他是何等英勇，真真不愧为“江左风流宰相。”

谢安石在这场大战中，书写了一个以少胜多的神话，也为东晋百姓带来了数十年的和平。只是即使忠义如他，也未能躲过天子和朝臣的妒忌与猜疑。波诡云谲的朝廷始终不如血雨腥风的战场通透直白。一身清正的谢安石在晚年时也未能躲开孝武帝的猜忌。幸有知音桓伊懂他的一颗赤子之心。

一次，孝武帝为大将军桓伊设宴，谢安石亦在席间。桓伊善弹筝，于是他便借此良机为孝武帝弹了一曲《怨诗》。曲调悲怆凄然，其词更是字字令人痛心。“为君既不易，为臣良独难。忠信事不显，乃有见疑虑。”谢安听罢，竟为之落泪。当年血战沙场时，他都未曾留下一滴热泪，却在升平之世敌不过黑暗的钩心斗角。

“江头风怒，朝来波浪翻屋。”一时间，辛弃疾的心里狂风大作，掀起滔天巨浪，如千军万马般奔涌而出，不可阻遏。仿佛瞬间就能将一切洗盘重来。没有金国，只有大宋，没有战乱，只有和平。

历史的剧本从来都是精彩绝伦的。有些故事，非得一个谢幕，另一个才能登场。辛弃疾伤感的是，谢安石尚有桓伊为其洗刷心底的冤屈，而他始终只有一个人。在孤寂的光阴里，他踏遍千山万水，走过一程又一程，却还是走不进宋孝宗的眼里。

探梅踏雪芳草萋

独立苍茫醉不归。日暮天寒，归去来兮。探梅踏雪几何时。今我来思，杨柳依依。

白石冈头曲岸西。一片闲愁，芳草萋萋。多情山鸟不须啼。桃李无言，下自成蹊。

——《一剪梅》

常说人生不过数十载而已，苍茫世间，众生芸芸，所有的遇见皆是人们修了几世才换来的缘分，而今生的缘深缘浅，亦有定数。有的人注定是过客，擦肩而过旋即永不相见，有的人一见如故，是如山间清晨一般明亮清爽的人。这样的人如若出现在生命中，即使双方曾站在对立面，也不妨碍他们相见相知。

生命实短，一生中遇见的人虽不计其数，但能走进心里的却屈指可数。所谓千金易得，知音难求，大抵如此。康生说：“既为知己，当无所顾及，无所不谈。”我理解的是，朋友如同一面镜子，我们永远能从里面看到最真实的自己。是以，如果两个人真心相知的话，就算是拌嘴吵架，那也是因为看到了自己缺失的一面。

某种程度上，互为知音的两个人亦是互补的。一如高山与流水，伯牙与钟子期的故事一样。一个善于弹琴，一个善于倾听。他们的故事就是“知音”一词的由来。

又如高渐离和荆轲，不过是在市井有一面之缘，便像看到了另一个自己一般，从此把酒言欢，无话不谈。直到荆轲即将赴秦刺杀嬴政之时，高渐离虽知他此去必是九死一生，但他更懂得荆轲的一腔家国热血。故而才有千年前易水河畔一场悲壮的送别。

“高渐离击筑，荆轲和而歌，为变徵之声，士皆垂泪涕泣。又前而为歌曰：‘风萧萧兮易水寒，壮士一去兮不复还！’复为慷慨羽声，士皆瞋目，发尽上指冠。于是荆轲遂就车而去，终已不顾。”不论高渐离击打的是变徵之声，还是慷慨羽声，都是荆轲在不同时刻里的心境。荆轲志高亦伤时，非高渐离不能与之相知。

人生就像一辆疾行的列车，我们每个人都是列车里素昧平生的乘客。在这场有去无回的旅途中，每个人都有自己的目的地，能相遇相识是缘分，能相交相知更是机遇。

在辛弃疾的生命旅途中，前二十多年，他几乎都是一个人于这乱世中摸爬滚打，缓缓而行。世人只看到他短衣匹马，在战场上大杀四方，却未看到他在无数个夙兴夜寐的日子，揎拳捋袖，常备不懈。世人只知他是一个梦想“了却君王天下事”的豪放派词人，却从不知道他心底有多少愁苦与悲愤。

好在上天一直是不偏不倚的，世人不知辛弃疾的荣光与愁苦，于他来说只是一件无关痛痒的事情，只要叶衡懂得便足矣。

“海内存知己，天涯若比邻。”知己之间，从来是可咫尺，可天涯。但一般来说，都是从咫尺开始的。八百多年前，辛弃疾在建康任通判，与时任淮西军马钱粮总领的叶衡结识。两人一见如故，经常相邀一起登高望远，踏雪寻梅。闲来无事时，诗词唱和便成了二人的平日雅兴。辛弃疾知道叶衡的理想与抱负，叶衡懂得辛弃疾的无奈与悲凉。

那时候的辛弃疾和叶衡都不过才二三十岁，志气正盛。他们立志要戎马一生，收复北方失地，“取山河献君王”。但那时的他们又都还在人生的起步阶段，志大而势微，同是失意之人。许是两个失落的人相伴在一起，不仅能懂得彼此的梦想，还可为彼此分担一些惆怅。所以他们之间的惺惺相惜，到不像是后天磨合的，而是与生俱来的一种情愫。

于辛弃疾来说，叶衡不只是他的一生知己，更是官途之中的伯乐。两个人都有天纵之才，但为官一途，明显辛弃疾遇到的挫折比叶衡多得多。恨只恨辛弃疾出生之时，当时的山东已经沦陷金人之手十三年。临安的宋廷宁愿选择生疏旧时的土地，也不想提起当年的靖康之耻。

有些往事，即使人们不愿想起，也是鲜活存在于记忆之中的。千年万年，都不能改变。有些往事，纵算人们想要彻底忘记，但并不意味着就真的不存在。

一个人若是不去管流血的伤口，而是亲眼看着它一天天腐烂，那么这个过程里，最疼痛的也只是自己。同样，南宋若是不能从昔日的不堪历史中，找到国破家亡的症结所在，而是一味地妥协躲避，以一条条低姿态的“和约”换来百姓暂时的安宁。这一切，只会加快国家灭亡的速度。

辛弃疾作为南归人，无疑是一个刺眼的存在。纵算他有惊世之才，南宋的朝臣在看到他时，也难免会多带几分异样的眼光。所以他们宁愿放弃这样一个有才青年，让他在一个个无名小官任上赋闲度日，也不愿将他召来临安，刺痛双眼。

辛弃疾见惯了他们的怀疑、猜忌，甚至是害怕的眼神，也明白这些都不过是他们在看到自己这个南归之人时，令他们想起了当年的“靖康之变”。

相较之下，叶衡的境遇则是好上很多。真真如鲁迅先生所说的一般：“有些人毕生追求的东西往往是另一些人与生俱来的东西。”乾道六年，叶衡被提拔为户部侍郎，他在任上大有所为，不久之后，即被提为建康安抚使。而这时的辛弃疾，还是一名小小的通判。

英雄就是平凡中的伟大，能人之所不能。叶衡之所以选择重回建康，亦不是全无理由。只要他的知己辛弃疾还在建康，他便有回来的一天。

淳熙元年春，叶衡回到建康做的第一件事，就是拯困扶危于尚在泥沼之中的辛弃疾。得叶衡引荐，辛弃疾被辟为建康安抚使参议官。此后两人同舟共济，守望相助，共同治理建康，守一城山水如诗如画，保一方百姓喜乐无忧。

岁月虽然无恙，奈何江山飘零。留在建康绝不是两人的心之所向。如果有一人要先离开这座城市，另一个也是欢欣鼓舞的。叶衡在建康任上刚满一年，宋孝宗因极为赏识叶衡的卓越之才，又将他提为右丞相兼枢密使。

叶衡此去临安，辛弃疾的心里喜忧参半。喜的是好友旷世之才，终为孝宗青睐。此后平步青云，定能大展雄才。忧的是，好友离去，他的心中生出千般不舍，以后的建康城里，再无一人相知。

独立苍茫醉不归。日暮天寒，归去来兮。探梅踏雪几何时。今我来思，杨柳依依。

白石冈头曲岸西。一片闲愁，芳草萋萋。多情山鸟不须啼。桃李无言，下自成蹊。

诉情相送，轻舟泊岸，他们是离人。轻雾遮眼，无语哽咽，他们亦是知己。辛弃疾将他对叶衡的所有惜别之情，都凝注在这首《一剪梅》之中。

“独立苍茫醉不归。日暮天寒，归去来兮。”叶衡被召回临安的时候正值早春时节，建康的天空上时常飘起鹅毛大雪，甚是寒冷。辛弃疾送别叶衡之后，独自站在空旷的钟山上饮酒。喝了一瓶又一瓶，醉至深处，竟不知何处是归途。

对于百姓而言，建康城少了叶衡一人，并不是什么了不得的大事。世人皆知他升了高官，连送别都是喜笑颜开的。可于辛弃疾而言，没有叶衡的建康，这座城仿佛瞬间空了大半。他知他失去了不仅仅是每日与叶衡并肩的流水光阴，还有一同走向前路的知己。

曾有少年惊梦，飘零故人不知。有时候，醉得最深的那个人，往往最清醒。辛弃疾站在钟山山顶上，看着叶衡远去的方向沉默不语。只见大雪纷飞了一地，将建康城里里外外都染成了白色。

“探梅踏雪几何时。今我来思，杨柳依依。”青山原不老，为雪方白头。此情此景，最是动人。辛弃疾陡然想起昔日与叶衡一起去白石冈踏雪寻梅的画面。一场雪，两个人，一树梅花，一坛温酒。那时候的时光，要多美丽有多美丽。只叹如今，寒梅冷艳如旧，却少了一个人来欣赏。想至此处，辛弃疾心中的离愁愈发浓郁起来。

“白石冈头曲岸西。一片闲愁，芳草萋萋。”叶衡走后，他极少再去白石冈，听说那里早已是芳草萋萋，满目荒凉的景象。如同当年伯牙绝弦一般，叶衡既已离去，辛弃疾亦没有再去故地的理由。知音零落，他即使是去了，也只是徒增一片闲愁。

高适在送别董大时曾作诗缅怀好友：“莫愁前路无知

己，天下谁人不识君。”辛弃疾对叶衡的思念也不需要借助多情的山鸟来表达，一如“桃李无言，下自成蹊。”他相信不用言明，叶衡也知晓。

人生就是一场盛宴，终有散场之时，但对于两个相知的人来说，在这个宽阔的世间，天涯也似咫尺。

第三章 弹铗高歌心怀民

奔赴疆场，他是一个英勇无畏的大英雄。奉表南归，他是一个失意落魄的江南游子。欲进不能，欲退不甘。十年，他始终做着战场的观众。时光不曾慷慨，一寸寸泯灭着他的梦想。清风吹开史卷，他的心中却从未荒芜。在这条注定曲折的路上，他目光如炬，走得别样坚定。

生路多艰谏衷肠

楚天千里清秋，水随天去秋无际。遥岑远目，献愁供恨，玉簪螺髻。落日楼头，断鸿声里，江南游子。把吴钩看了，栏杆拍遍，无人会，登临意。

休说鲈鱼堪脍，尽西风，季鹰归未？求田问舍，怕应羞见，刘郎才气。可惜流年，忧愁风雨，树犹如此！倩何人唤取，红巾翠袖，揾英雄泪！

——《水龙吟》

一个人若是刻意追寻一样东西，往往无功而返。只因这世上有些人有些事，总是横看成火，侧看成冰。

自南归以来，辛弃疾虽一直游荡在南宋的官场上，却是在一些无关紧要的职位上游来游去。他像一条被人故意遗弃在路边的鱼，奋力跳到水坑里之后，才发现永远都回不去心中的那片海洋。

路边的水坑，不仅承载不了辛弃疾奔赴海洋的梦想，而且早晚有一天会枯竭。他亦不想长久留在建康城守一方安宁，毕竟他的眼界和格局从小就被祖父教导得格外宽阔。正因为他深刻懂得“皮之不存，毛将焉附”的道理，他才看不得临安的宋廷对他们“归正人”投来异样的眼光。

泰戈尔曾说过：“只有经历过地狱般的磨砺，才能练就创造天堂的力量；只有流过血的手指，才能弹出世间的绝响。”辛弃疾一直坚信不论曾经受到多少质疑和排挤，他的才华都不该被埋没，大宋的河山也一定要收回。这是一直支撑他不断前行的信念，亦是无穷的力量。

一个充满智慧的人创造的机会，永远比他发现的机会多得多。很显然，等待对一个心中装着凌云般壮志的人来说，永远是最差的选择。如同面对大宋破碎的河山，辛弃疾永远是一个奋不顾身般的存在。

纵然宋廷从来没有相信他的忠诚，即使岁月一年一年地从他的身旁悄悄溜走，辛弃疾的眼睛依旧如炬般看着这纷乱的尘世，他一如既往地狂啸着那矢志不渝的誓言。

宋孝宗乾道元年，是辛弃疾南归后的第三年，那时的他才二十六岁，目光坚定，心有所向。那一年，他在江阴任签判一职，看惯了江南的四时美景，时刻憧憬着踏上北伐的征途。可，那一年的宋孝宗却不是刚即位时那般志气恢宏，一心想要重整山河。

符离之战的惨败，让那场浩浩荡荡的北伐之行戛然而止，死伤无数的战士让身处临安的宋廷闻“金”丧胆，继之而来的“隆兴和议”更是让整个南宋犹厌言兵。

古人云：“白马秋风塞上，杏花烟雨江南。”于当时的大宋来说，北方之地已是“剩得几行青史，斜阳下，断碣残碑”的光景，想要收复已是很难，而南方之地虽然是月桥花院、舞低杨柳般的细腻婉约之景，却还掩盖不住时人畏金的情愫。

在这种情形下，辛弃疾不是第一个跳脱出来的人，却是最真诚最用心的一个。那一年，张浚等主战派在北伐落败后，陆续被主和派朝臣们排挤出临安府。也是那一年，辛弃疾将青锋入鞘，铺纸研磨，连续几个昼夜，执笔写就一本关于宋金之间的军事著作，名曰《美芹十论》。

辛弃疾说之所以为他的这本呕心沥血之作取名《美芹十论》，是因为年少读书时曾看到一句“野人美芹而献于君”，其间之赤诚和谦逊，正好符合他时下的心境。他毫不犹豫地将这组军事策论呈给宋孝宗，以期鼓舞天子能重拾北伐讨金的决心，同时希望孝宗助力于他奔赴战场的梦想。

辛弃疾通过审势、察情、观衅、自治、守淮、屯田、致勇、防微、久任、详战这十论，将抗金救国、收复中原的战术计谋收容其中。

他直言：“古之善用兵者，非能务为必胜，而能谋为不可胜，盖不可胜者乃所以徐图必胜之功也。”古来征战，自有定谋。一次战争的落败并不能代表永远的失败，这世上从未有过真正的常胜将军，宋廷更不该计较眼下的挫折，而是要懂得以守为攻，保存实力。

没有谁能比曾身处金国的辛弃疾更了解中原百姓的苦楚与无奈，没有谁能如他一般细致，将金国的情势洞然于心。同样，也没有谁能写出这本攻伐有略的军事巨作《美芹十论》。

当宋孝宗翻阅时，直觉得俨然为兵家之大作。字字句句跃然呈现于眼底，尽是辛弃疾敏锐独到的军事眼光和忠愤激扬的战士模样。虽然辛弃疾自言他的计谋犹如美芹一般，可宋孝宗看得出来，巨作之下，他的一片赤诚之心。

无疑，辛弃疾的慷慨策论重新激发了孝宗北伐的斗志。于是乾道六年，皇天不负苦心人，宋孝宗决定召见时任建康通判的辛弃疾，亲自听他阐述北伐大计。这于辛弃疾来说绝对是一个千载难逢的好机会，他定然会抓住这个在天子面前展现才华的良机。

延和殿上，辛弃疾目光坚定，锐利有神。座上是天子，身旁是当时主战派丞相虞允文。在这些人面前，辛弃疾高谈阔论，深刻分析了宋金双方的形势，并力主北伐，锐意收复中原。

然而，不堪失败的宋孝宗在主和派朝臣的劝说之下，终是没有采纳辛弃疾的策论。他只得带着《美芹十论》黯然返回建康，再一次登上赏心亭，以抒愤慨之情。

楚天千里清秋，水随天去秋无际。遥岑远目，献愁供恨，玉簪螺髻。落日楼头，断鸿声里，江南游子。把吴钩看了，栏杆拍遍，无人会，登临意。

休说鲈鱼堪脍，尽西风，季鹰归未？求田问舍，怕应羞见，刘郎才气。可惜流年，忧愁风雨，树犹如此！倩何人唤取，红巾翠袖，揾英雄泪！

偏偏是希望越大，失望也越大。辛弃疾从未想过手里这本指点江山、北伐抗金的策论会被孝宗丢弃在一旁。他在意的从来不是劳而无功的结果，而是宋廷根本没有北伐的打算。

仿佛他二十几年的努力都化作一个个泡沫，曾被阳光照耀得五彩斑斓，却又不得不亲眼看着它们一个个幻灭在眼前。他这只鱼儿啊，不知何时才能游到辽阔的海洋里。

许是宋孝宗看到了辛弃疾的才华，抑或是为了彰显皇恩浩荡，乾道八年，辛弃疾被提拔为司农寺主簿，他终于来到了临安。他以为，离天子更近的地方，应当离梦想也很近。

于是，他再一次拿起笔，酣畅淋漓地写就另一本军事策论《九议》。这一次，他没有直接呈递给宋孝宗，而是交给了当朝丞相虞允文。虞允文是南宋著名的抗金大将，曾经带领一万八千兵力与金国十五万士兵在采石矶决战，大败金兵。这场战争以少胜多，堪为南宋历史上为数不多的一次胜利。

辛弃疾相信，将自己的策论交到虞允文手中，若不能当即北上讨伐金国，也一定会结交到一个志同道合的朋友，就像他和叶衡那样。

然而，散落一地的残红殒粉，已随流水而逝，虞允文曾经的抗金决心也被眼下的和局消磨殆尽。他只告诉辛弃疾："和局定，勿须再议。"也是，他从未看到过中原的旧宋百姓翘首以盼的身影，也不知他们泪尽胡尘的滋味，又如何懂得辛弃疾平静文字之下的那份不甘愿。

《曹刿论战》中有云："夫战，勇气也。一鼓作气，再而衰，三而竭。"辛弃疾两次的北伐策论都被丢弃在一旁，心中难免悲愤有加。这样的情绪，从他当年登建康亭后所写的《水龙吟》一词中就可见一斑。

"楚天千里清秋，水随天去秋无际。遥岑远目，献愁供恨，玉簪螺髻。"昔年，辛弃疾登临建康亭，看着空荡的天空一望无际，心中不禁生出悲凉的"献愁供恨"。无边的天空没有尽头，他只觉得报国竟比登天还要难上万分。远处的群山犹如女人头上的玉簪和螺髻，难道说大宋王朝真的就剩下升平的歌舞了么？

"落日楼头，断鸿声里，江南游子。把吴钩看了，栏杆拍遍，无人会，登临意。"南国的秋光凄凉无垠，夕阳的余晖映照在建康亭上，也照进了一个江南游子的心间。辛弃疾拿着手里的青锋剑，拍遍栏杆，想寻一人懂得他内心的愁苦，却始终没有找到。这世间终是没有第二个叶衡。

辛弃疾离了梦想，犹如鱼儿离开了水，不管如何与命运挣扎，都无法挣脱时代的大枷锁。他心中满是悲怆，看秋风劲吹，看季鹰未归。他直言求田问舍的许汜，在见到一心匡扶汉室的刘备时，应是羞愧难当的。

“可惜流年，忧愁风雨，树犹如此！”时局无奈，他也只得在一岁又一岁的光阴里，翘首立西风，看凄风苦雨，看这纷飞的乱世何时谢幕。

“倩何人唤取，红巾翠袖，揾英雄泪！”即使北伐无望，辛弃疾的那颗充满热血的报国之心却还一直在跳动着。本是英雄，本为大宋子民，便不怕没有用武之地。只是流年飞逝，北方梨花已白，江南的绵绵烟雨又下了一季，他还在等待一个机会，而这是他最不愿意做的事。

万里狼烟渐渐升起，三尺青锋跃跃欲试。纵然两次献计都未果而终，但辛弃疾的北伐之梦却是从未泯灭。他时常想：黑夜不论如何悠长，白昼总会如期而至罢。

众里寻他千百度

东风夜放花千树，更吹落，星如雨。宝马雕车香满路。凤箫声动，玉壶光转，一夜鱼龙舞。

蛾儿雪柳黄金缕，笑语盈盈暗香去。众里寻他千百度，蓦然回首，那人却在，灯火阑珊处。

——《青玉案》

日光原是无色无味，它穿越云海倾城而下，驱走黑暗的漫漫长夜，却让我们生活的世界变得缤纷多彩。时光亦是不知色不知味，在我们的身后摆下一路的记忆，那些不甚重要的，早已层层腐朽，而有些刻骨铭心的，即使没有被文字记下，却总能在我们穿风过水时，沁出古木般的气息。

在漫长无尽的时间洪流里，人们如同沧海一粟，生命短暂到还未等得及我们去了解存在的意义就已消逝，而留下的人往往比离开的人多几分悲伤。

我们缅怀逝者，或大张旗鼓吟奏哀乐，或一杯清酒和着诗词下怀。总之，都是绵绵无尽的思念。有时，我们选择用数百字乃至上千字的文章去讲述故事里的往昔，生怕岁月日久，记忆渐渐消逝。还有一些人，纵然痛到深处，却不言语半分。万事蹉跎，只剩缄默。

法国十九世纪浪漫主义作家大仲马有言："不要将痛苦的痕迹泄露给任何人。一条鹿受了伤，就有许多蚊蝇叮出它的血，我们受到痛苦就有好奇的人吸出我们的眼泪。"许是这个缘故，才让很多人用心遮掩心里的伤口，不愿向世人分享半分曾经的喜悦。他们将沉默当作最后的喜悦。俗世纷繁，辛弃疾就是这般的存在。

翻开落满灰尘的史册，乾道元年，世间并无轰轰烈烈的大事发生。"隆兴和议"给南宋北金带来了短暂的和平，塞北江南的人们，都在固守着自己的一份安乐。但对于辛弃疾来说，这一年的流水光阴，却比海枯石烂还要疼痛。他的发妻赵氏因病去世，从此辛弃疾追梦的途中，只剩孤寂与冷清。

在此之前，辛弃疾与赵氏的日子虽过得平淡如水，却也是相敬如宾。他们的婚事和那个时代的绝大部分夫妻一样，遵从父母之命媒妁之言。

乱世飘零，能嫁给一个侠肝义胆的大英雄，是赵氏的幸运。高处寒冷，能娶得一个柔中有刚的美娇娘，是辛弃疾的温暖。平淡的日子里，他们之间或许没有轻歌曼舞，诗词唱和，但也曾默默许下携手一生的誓言。

处世执着的人，连爱一个人都是一心一意。那些藏在心里多年都不曾说出口的话，在一朝吐出时，往往更加令人记忆深刻。辛弃疾只说："这一生得遇卿实乃欢喜一二事，此后不离不弃，便是极好。"赵氏沉浸于眼下这细水长流的光阴，即使长年跟随辛弃疾漂泊在烟雨绵绵的江南，她的心中也是欢喜的。

只叹缘分就如花开花落，人来人往，终是不得长久。当如镜美梦被现实狠狠打碎后，不论这乱世的天空是黑夜还是白昼，是万里晴空还是彤云密布，在辛弃疾眼中，赵氏的容颜只被定格在二十三岁的模样。干净清冷，一颦一笑尽是温柔。

赵氏离去，从此塞北江南，辛弃疾所至之处，夜空里多了一颗星星，人间少了一对鸳鸯。天下人间，相忆相念，却永远再无聚首之日。

在世人眼中，辛弃疾是一个杀伐果断的勇士，断不会被爱情牵绊住脚步。的确，在大是大非面前，他是再理性不过的。他自小就尝尽了生离死别之苦，曾亲眼看着父亲、母亲、祖父一个个从他的生命里消失。所以当赵氏来到他身边时，他才感觉有一束明亮的光线照进他枯萎的心里。

枯木逢春，再度鲜活，他想极力抓住生命里的这丝温暖，可命运却从未如他所愿。此前，不论他是遇见温暖和煦的春天，还是寒意蚀骨的冷冬，他都欣然接受。只这一次，他的人生仿佛出现了一个巨大的缺口，恁凭如何煮字疗伤，烹茶养心都无法填满。

到底是曾经茂盛过的爱情，在枯萎时才更加令人心痛。痛到极处，是缄默，是辛府庭院里无数个夜晚的刀光剑影，是他笔下的诗词里千千万万遍的低声诉说。看见梳妆台上的铜镜和木梳，看见房间里还有一幅未绣完的鸳鸯，那几年他一度以为赵氏还没有离去。

“重过阊门万事非，同来何事不同归？梧桐半死清霜后，头白鸳鸯失伴飞。原上草，露初晞。旧栖新垅两依依。空床卧听南窗雨，谁复挑灯夜补衣！”当赵氏眠于新坟时，辛弃疾的心情就如当年贺铸追念亡妻时一般。夜雨敲窗，孤灯摇曳之际，辛弃疾独自躺在床上听窗外的雨声淅淅沥沥碎了一地，一如他和赵氏多年的感情。

人人皆说男儿有泪不轻弹，只是未到伤心处。当往事涌上心头时，铁血亦有柔情。辛弃疾想起妻子在世时为他挑灯补衣时的景象，一时凝神，竟未发现鼻尖微凉，一滴泪珠正顺着他的鼻翼而下，沁入他的嘴中。那一刻他才发觉，没了赵氏，泪水的味道是多么苦涩。

那一年之后的很多年，他都没有将赵氏入诗入词。后人寻遍辛弃疾的词章，除了一首《青玉案》里有赵氏的影子，再无其他。他是吝啬的，不肯与世人分享和赵氏在一起时的片刻欢愉。可不管他怎么闪躲，赵氏依然会逗留在他的文字里不愿离去，成为他心里那盏蓦然回首时的灯火。

东风夜放花千树，更吹落，星如雨。宝马雕车香满路。凤箫声动，玉壶光转，一夜鱼龙舞。

蛾儿雪柳黄金缕，笑语盈盈暗香去。众里寻他千百度，蓦然回首，那人却在，灯火阑珊处。

心若没有栖息的地方，到哪里都是流浪。赵氏逝去后，辛弃疾在官场上辗转数年，从江阴签判到广德签判，又从广德签判调任建康通判。南归后的十年里，他在建康的时间待得最长，做过通判，也做过安抚使参议官，但更多时候，他只是一个失意的文人。

无人为他红袖添香、夜间剪灯，早前的人生经历也陈旧得落满了层层尘埃。而赵氏始终是他心里无法愈合的一道伤疤。每一次想起，伤口就裂开一次。每一次缝合，都要刺向更深处。

自从被宋孝宗调往临安任司农寺主簿后，他时常被官事缠身，极少有清闲的时候，只有到了元宵佳节时才会凑一凑临安的热闹。这一夜的临安，恍若多年前的汴京一般。街市上灯火通明，人流如织。许多年轻的男女们相约在黄昏后的柳树下，一起看月光如水般洒向人间。

这般繁华升平，竟让人一时忘了彼时正处于一个颓废荒芜的时代。

街市上，明明灭灭的花灯将辛弃疾的影子拉得很长，摇摇晃晃的是他封存心底已久的往事。他想起曾经在江阴时也与妻子一起做过花灯祈福，模样虽是丑了些，却寄托了彼此的共同心愿——得成比目何辞死，愿作鸳鸯不羡仙。

花灯依旧，人却不在了。辛弃疾走在繁华的街道上，处于一个悲喜交织的思想缝隙里。他的心中怀有一丝侥幸，想在千万人之中找寻一个身影。他慌乱无助，只得将自己埋没在拥挤的人群里，一边行走，一边找寻。

“东风夜放花千树，更吹落，星如雨。”江南的春天比塞北的春天来得早很多，也温柔很多。一阵东风拂过，没有催开一树树鲜花，却让无数五颜六色的花灯一夜绽放。一个花灯代表一个愿望，愿望之下，是这乱世里人们为数不多的喜悦脸庞。

万千灯火如同点点繁星将临安的夜空点亮，在花灯升起的瞬间，天上的一轮孤月显得愈加清冷起来。诚如世人所说，世界上最鲜明的对比，是黑与白。此刻的辛弃疾站在万千人当中直觉得内心被凉意沁透，殊不知，这才是真正的寂寞。

“宝马雕车香满路。凤箫声动，玉壶光转，一夜鱼龙舞。”古人最重元宵佳节，所以必定倾城出动，赶上这一场繁华盛景。富人家的马车从辛弃疾身旁一掠而过，飘来香风阵阵。曾经赵氏也如车里的女子一般，端坐在熏香的马车里，时不时掀开侧帘看一看窗外的热闹。

悠扬的箫声回荡在周边的夜色里，映衬着天空上玉壶般的明月，使其清冷中又多了几分思念的韵味。此刻的辛弃疾已经吟咏不出“但愿人长久，千里共婵娟”之类的诗句了，他惟愿在这柳陌花衢里，找到一个熟悉的身影。

“蛾儿雪柳黄金缕，笑语盈盈暗香去。”只见身畔的女子，装饰华丽，万种姿态，一个个笑靥如花，盈盈地随人群走过，只留衣香独自在空气中飘散。赵氏向来干净朴素，从来不做过多打扮。辛弃疾知道，她们都不是他要寻找的那个人，可他还是回头千次，生怕错过了一次期待良久的相遇。

正月的临安还是有些清冷，阵阵凉意侵入辛弃疾的全身，从内至外。来了临安之后，他从未觉得曾有哪一日比这年元宵还要冷淡。她会在某棵柳树下静静赏月么？还是像以前一样在某条河边放莲花灯祈福？找寻千遍不得，辛弃疾在心里暗自思忖着。

灯火煌煌，人影凌乱。他还在四处张望着，找寻着一个迟迟不肯露面的姑娘。也许他早就知道这样无畏的寻找不会有结果，只是不愿承认自己仍放不下心里对赵氏的一份执念。

尘寰兀自消长，不解人间离恨。辛弃疾“众里寻他千百度”，才懂得只有清醒地看向这人世，才能从人生这场大戏中跳脱出来。如若放不下，便不放下。纵然心田土壤贫瘠，只要用心滋养，也能温存出整个花园。花园里，赵氏坐在百花间，拿着那幅未完成的鸳鸯刺绣，正一针一针缝合辛弃疾心里裂开的伤口。

辛弃疾在来往如潮的人流中，蓦然回首，仿佛看见赵氏站在一顶花灯下。明明灭灭的烛光将她素雅的脸庞映照得格外红润，她正对着那顶升空的花灯祈福，这一次她换了个愿望：愿我如星君如月，夜夜流光相皎洁。

滁州兴民办荒政

征埃成阵，行客相逢，都道幻出层楼。指点檐牙高处，浪拥云浮。今年太平万里，罢长淮、千骑临秋。凭栏望，有东南佳气，西北神州。

千古怀嵩人去，还笑我、身在楚尾吴头。看取弓刀，陌上车马如流。从今赏心乐事，剩安排、酒令诗筹。华胥梦，愿年年、人似旧游。

——《声声慢》

不得不说，人与人之间的缘分，当真是个神奇的存在。或许一夕之间，就能让两个素昧平生的人成为至交好友，也可让一对相濡以沫的夫妻天人永隔。遇见与再见，有时距离很近，有时又距离很远，总归是两个人之间的缘分或深或浅的问题。

一样的道理，人与梦想之间的千回百转，除了实力和毅力，还需要足够的运气去支撑。一个转身，或能与梦想咫尺相见，也能与梦想相隔万丈。

谁也不能预料等待我们的下一个路口是柳暗花明的光景，还是穷途末路的绝境。但在人生这条路上，不论鲜花铺路还是荆棘丛生，不论是快步如飞，还是缓缓而行，每个人都得一步一步地走下去。途中得遇千姿百态的风景，正是生命存在的意义。

辛弃疾失去了赵氏，犹如远行的船只没了避风港。从此，这条追梦的路上，他惟剩奋不顾身的信念。

自从被调往临安以来，西湖的十里荷花并没有迷乱辛弃疾的双眼。在他心里，南宋一日没有收复北方失地，眼前的安逸都只是暴风雨来临前的一片宁静。深陷其中的人，早就忘了当初为何要将“杭州”改为“临安”。

众人皆醉，辛弃疾却格外清醒。同是身在临安的叶衡当时已任右丞相，辛弃疾作为他的知己好友，又颇有治世之才，自是他的左膀右臂。可叶衡也知，辛弃疾的抱负同他一样，是奔赴战场，解救深受金人压迫之苦的大宋百姓。若是将辛弃疾留在临安，则只能跟着他一荣俱荣，一损俱损。

这宋廷之上，有他叶衡一人单打独斗就够了。辛弃疾天生就是一个战士，他的才华应展露于前线，而不是在临安。当滁州知州换了几度，却仍然挽救不了其倾颓之势时，叶衡多次上书向宋孝宗举荐辛弃疾，直言他在风雨中漂泊流浪多年，文也纵横，武也纵横，是当之无愧的英雄。

当辛弃疾还在感叹西湖战新荷叶乱之时，朝廷的一纸调令就呈到了他的面前，恍若一剂清凉油，瞬间将他从感时伤世的心境中拉出来。他等待得实在太久了，当接到朝廷派他去往滁州担任知州的调令时，他迫不及待地想要将自己的一身才华，尽数施展出来。

城门外，一名小厮背着行囊，拉着马车立在远处。叶衡和辛弃疾坐在临安城外的长亭里。一杯清酒，几句叮嘱之后，辛弃疾就踏上了北上滁州的征途。

他知，此去山高水长，负重前行，肩上承载的还有叶衡的一份希冀。

滁州在史上堪为一方名郡，地处塞北之南，江南之北的淮河一带，既有吴风楚韵，又有淮左秀色。史记中记载这里“山川之峻秀，城郭之宏丽，风俗之敦庞，名宦人物之奇瑰雄杰”。

人们认识滁州，大多是先认识西郊的琅琊山。“春来琅琊美似画，醉翁亭前人如织。”幽幽古道，佳木秀阴，望之蔚然而深秀，掩映于山间的正是滁州城数千年的历史风云。

当年，晋元帝司马睿在任琅琊王时曾避难于滁州城外的山林中，后人为了纪念便将这座秀美不露的山岭取名琅琊山。名人遗迹，越斑驳越是厚重。到了唐代，时任滁州刺史的李幼卿与山僧法琛在山中开石凿泉，构筑琴台，建造寺院。首开文人吟咏安禅之风，抚琴于台上，酬唱于松间，令天下士子心向往之。

摩崖勒石，如散珠落盘。此后，这里便成了文人墨客吊古伤今之地。山河秀美常青，诗文咏唱相叠，正是滁州城千年不朽的绝唱。

南宋时的滁州几经战火，已是一片废墟。辛弃疾来到这里想要重整旗鼓，挽救民生，不亚于在战场上打一场生死攸关的战役。尤其是滁州处于南宋和北金的分界之地，曾经九度北金军攻陷。百姓不得不背井离乡，寻求生路，而剩在当地的或是愿为南宋抛头颅、洒热血的义军，或是行动不便的老弱妇孺。

历经数月路程，辛弃疾终是踏上了这片滁州大地。他环视四周，眼里尽是满目疮痍的光景。断壁残垣，民生凋敝，秋风凉透人心。看到眼前的一切，他才明白为何宋廷前几次派往滁州的知州都落魄而返。

偏偏辛弃疾生来就有一颗救国救民的宏大之心，越是艰难的境地，越能激起他为滁州黎民谋幸福的使命感。纵身下马，他便是这片土地的父母官。举力劝生，是他要做的第一件事。

减轻赋税、召回百姓、教练民兵、繁荣经济……辛弃疾心中自有一份恢复滁州生命力的蓝图。凡是于滁州百姓有利的措施，他一样也没有落下。

滁州是重要的抗金战场，是守卫南宋的重要关卡。昔年，岳飞和韩世忠等大将带领大宋军民在这里与金军激战，只为抵挡金军的铁骑侵占南宋的土地。

而今辛弃疾不畏艰险，重整滁州山河，一则是为了向宋庭证明自己的实力，为以后踏上真正的战场铺路，二则更为重要的是，他心中知晓这乱世里刀剑摩擦迸出的火星，伤害的只有无辜的百姓。他能做的不多，惟守一方土地安好，保一方百姓无虞。

春秋半载，辛弃疾尽展天纵之才，让萧条的滁州城渐渐走向繁荣。不过半年时间，在辛弃疾治下的滁州，就成了江淮两岸的商品交易之地。

那年的滁州风调雨顺，五谷丰登，楼铺林立于街道两侧，商旅毕集于繁雄馆内。百姓召回，物阜民丰，昔年滁州的荒陋之气，尽数散尽。

滁州兴民，辛弃疾能文能武。为了再兴滁州文风，辛弃疾率领官民在繁雄馆上再修一层楼，辛弃疾为其取名“奠枕楼”，愿滁州百姓安枕以卧，愿大宋境内永无战乱。

那日的滁州晴空万里，奠枕楼初落成。辛弃疾命人在楼上摆酒设宴，庆祝滁州第一高楼修成。他与一众百姓登楼赏景，举杯相贺，共享滁州时下的太平与繁华。

登高远眺，辛弃疾仿佛看见了昔年北宋的升平盛世。在这欢快的气氛之下，辛弃疾的一首《声声慢》已了然于心。

征埃成阵，行客相逢，都道幻出层楼。指点檐牙高处，浪拥云浮。今年太平万里，罢长淮、千骑临秋。凭栏望，有东南佳气，西北神州。

千古怀嵩人去，还笑我、身在楚尾吴头。看取弓刀，陌上车马如流。从今赏心乐事，剩安排、酒令诗筹。华胥梦，愿年年、人似旧游。

奠枕楼上，辛弃疾与滁州百姓比肩而望。过往的行人在楼下踏起阵阵尘埃四处飞扬。阳光透过空中沙尘的缝隙零零碎碎挥洒一地，散发着一束束安逸而热烈的光线。辛弃疾拍栏一笑，仿佛他心里的那束光也伸手可及。

红尘一梦，人们生于世间为了各自的利益忙碌奔走。如戏中之人，不能在自己的剧本中醒来，却依旧愿意看别人在他们的人生剧场上倾情演绎。辛弃疾看着楼下的行客不断相逢，又不断告别，一时间觉得这样的日子竟也很安稳。

以前他总觉得这纷繁浩荡的乱世，就是一场场惊心动魄的演出。在注定崩塌的时代里，百姓少有快乐，他的人生亦不会圆满。可当他看见四面八方的行人汇聚于奠枕楼下，对这座高楼交口称赞时，他心中顿时有“沉舟侧畔千帆过，病树前头万木春”之感。滁州这一隅之地可以焕然一新，整个南宋当也可以。

滁州行客如云，整座城市一扫从前的荒凉之气。崔敦礼代严子文作《滁州奠枕楼记》曾有记载：“自是流逋四来，商旅毕集。人情愉愉，上下绥泰。乐生兴事，民用富庶。”

可这在辛弃疾心里却还远远不够，即使滁州百姓过上了太平的日子，但长淮的界限还未废除，大宋的万里河山也为恢复。只有“罢长淮、千骑临秋”，建立一支勇猛无畏的地方军，才能保卫这片土地的安宁。

辛弃疾的笔墨由淡转浓，视野也变得开阔起来。他凭栏而望，看见东南方向的天空中佳气大盛，袅袅紫云正盘踞于临安府的上空。如此气派吉祥的气象，辛弃疾猜测定是孝宗决心发兵打过长淮去，收复西北的神州。

不得不说，这首《声声慢》的上下阕诚然是世间最繁华又最荒凉的景象。上片还是一轮逐渐升起的朝阳，充满着生命的活力。笔锋一转，下片的境界俨然跌入了万里深渊。都说人生步步皆是局，如酒的宋词里，字字句句又何尝不是写词之人心里的大观园。

西北望神州，已入他人手。辛弃疾心想，若不能助大宋收回失去的河山，怕是九泉之下的“怀嵩人”李德裕，也会笑他身在这楚尾吴头之地兀自享乐，而距离再回中原之日更是遥遥无期。

辛弃疾曾想要诗意地活着，每日登临奠枕楼，看滁州陌上的车马如流水般连绵不断，与一场场赏心乐事有着美丽的相遇。只在这滁州城中安排酒令诗筹，啃噬人间烟火，而城外繁华与否，都与他没有干系。一如他所说：“从今赏心乐事，剩安排、酒令诗筹。”

但若一尾游鱼最初的梦想是一片汪洋大海，它就不会在眼前的池塘里故步自封，一旦寻得离开池塘的机会，即使是游进渔夫的网里，它也愿意赌上毕生的运气，去换这微弱的希望。

一直以来，辛弃疾的心里装着家国大业。作为一个勇士，他绝不会满足于当下的娱乐消遣。作为一个词人，他的笔下无不是祈求家国昌平的感念。

“夜阑卧听风吹雨，铁马冰河入梦来。”彼时的辛弃疾不求如陆游般，沉浸在疆场杀敌的梦境里。他惟愿现世变成一个华胥国，没有杀戮，没有争夺。他希望岁岁年年，人们来到这奠枕楼上，眼里是一如往年的和谐，心中是一如往年的欢喜。

讨伐茶寇愁难平

青山欲共高人语。联翩万马来无数。烟雨却低回。望来终不来。

人言头上发。总向愁中白。拍手笑沙鸥。一身都是愁。

——《菩萨蛮》

人们常说：“做三四月的事，在七八月的时候自然有结果。”时间会证明“一分耕耘，一分收获”的真理。

辛弃疾在滁州废除荒政，一扫昔日的破败气象，令这片曾经荒芜的土地再现生机。在他的治下，滁州正一步步朝着华胥国的方向发展。没有战争，一方安平。辛弃疾所努力的一切，不过和平时代百姓的基本需求。只是在乱世，这些惠民措施实行起来要更为艰难。

岁月的年轮，是那正旋转着的黑色唱片，不停地在每个怀有梦想的人心中播放或动听或晦涩的曲目。听着美妙动听的旋律之时，人们会觉得离梦想更近，所想所做的都是与心灵契合的事情。而当晦涩的音符飘荡在耳畔之时，人们或是被旁人旁事羁绊无法前进，或是被自己的无力滞留了脚步，难以拔足。

我们一边听一边行走，谁也说不准下一个转角处是一堵厚厚的城墙，还是一番澄明的境界。但必须清楚的是，在追逐梦想的路上，一分耕耘免不了一分劳苦。

辛弃疾虽然素手重建了滁州，却也因身体不堪重负，劳累成疾。那一年他不过三十来岁，为了作长久考量，他不得不辞官休养一段时日。或恣意山水，呼吸清新的空气，享受山林里的静谧。或远离世俗的官场，与生活保持一段距离，不走近也不远离，只需能清晰地看见前路的方向。

对于有梦可追的辛弃疾来说，旅途中经过的每一处风景，都是一种生命的积淀。暂时的离开或许能让他停下疲惫的脚步，重整心情，随时准备再度出发。不放弃前路的希望，不是去寻求改变运气的机会，而是去调整自己的心境。有些风景，如若不站在高处，就永远体会不到它的魅力。

在宋廷大部分官员眼中，辛弃疾始终是一个“归正人”。他的离开或者回归，不会引来太多人的在意。即使是大病初愈后，朝廷也没有主动恢复他的官职。

辛弃疾与南宋仿佛天上的两片云一般，地上的人从地上看向天空，以为他们相遇了。可他们不知，他们处于不同的高度。一个是高高在上的南宋王朝，一个不过是这乱世芸芸众生里如蝼蚁般的存在。如若没有一阵强劲的风，便永远不会相遇。

好风凭借力，送他上青云。辛弃疾赌的就是他遇见这阵大风的运气。

偏偏缘分就似一个圆圈，我们永远生活在圈中，起点之处即是终点的位置。不必妄想如何从这个圈里跳脱出去，只需按照圈内的规则去行走，总有一天会遇见专属自己的幸运。而叶衡就是辛弃疾在命运的圆圈里遇见的最深的缘分。

那一年，辛弃疾摆脱沉疴，等待朝廷的召命。

那一年，江湖一带茶寇作乱，宋廷哑然无策。

那年夏日的某一天，临安府的大殿之上人心惶惶，宋孝宗怒拍龙椅，案上的一堆奏折被他一扫而空。面对这起“官逼民反”的案件，宋廷此前已经派去了上万士兵，可结果总是屡屡不尽如人意。皆知镇压无果，宋廷之上谁也不敢轻易站出来为皇帝分忧。

此外，还因谁也不能说出，那些茶商军真的有何过错。宋绍兴二年，宋金签订“绍兴和约”，南宋向北金称臣。后隆兴二年，南宋于“符离之战”中惨败，无奈签订“隆兴和议”，南宋向北金称侄。和约之上，是一条条丧权辱国的款项。和约的背后，则是南宋年年向北金进献的岁贡。

如此一来，宋廷为了充盈国库，只得增加赋税。苛税过重，只会导致百姓不堪重负。有的负苛致死，有的死地后生。而茶商军也只是第一个站出来为自己做主的受害者罢了。

百姓生活难以为继，不在沉默中爆发，就在沉默中死亡。心中明朗的人皆知晓，所谓的“茶寇”，不过是战争失败的牺牲品。

那一年，以赖文正为首的一支茶商军在两湖之地活动频繁，后来又转向江西西部。不过数百之众，却令当地官兵束手无策。孝宗只看奏折上写道：“但闻总管失律，帅臣拱手，提点刑狱连易三人，其他将副巡尉奔北夷之不暇。”看至此处，孝宗再次震怒，朝廷上下一片哗然。

就在朝臣们交头接耳商量对策之时，时任右丞相的叶衡毅然站了出来。他无比坚定地看向宋孝宗，随即转身面向文武百官，只说一段：“山东人士辛弃疾，志存高远，年少有为，弱冠之年聚众起义，奉表南归，立斩叛贼义瑞，生擒叛徒张安国，后盛年为官，上《美芹十论》和《九议》，详述北伐大计，地方为官，兴滁州城。是以，微臣力荐辛弃疾前去讨捕茶寇。”

延和殿上，朝臣们众议纷纷，只因介意辛弃疾“归正人”的身份。然而，时下茶寇猖獗，他们也提不出更好的策略，只能附议叶丞相的对策。

有人说，生命的汪洋包容了深深浅浅的缘分。机缘开始的时候自会开始，天时地利人和，任谁也抵挡不住。缘分破灭的时候自会破灭，到时候，你不想画上句号也不行。

叶衡和辛弃疾之间，自有一种高山流水般的牵系。如若辛弃疾是一匹千里马，那么叶衡就是他的伯乐。总能在辛弃疾正当需要的时候，为他指引前路的方向。

辛弃疾曾说：“不恨古人吾不见，恨古人不见吾狂耳。”如此坦荡不屈，英雄气概。讨捕茶寇，非辛弃疾不能胜任。那一年夏秋之际，大病初愈的辛弃疾被调往临安任仓部郎官。不久之后，被派往江西任提点刑狱，行“督捕”茶商军一职。

面对同是起义军出身的茶商军，辛弃疾心中感慨万分。想起过去在中原，百姓亦是因不堪金国奴役才揭竿起义。如今看见南宋的土地上再现此象，心底顿时溢出一种失落感。角色互换，他从以前的起义军变成了镇压起义的官员，还是在大宋边界内。即使有一身军事之才，也难掩他眼底的无奈。

在这条追梦之路上，辛弃疾从未辜负理想，却一直被时局戏弄。此间辛酸，大抵就如同一条独木桥走到黑的感觉罢。众人皆醉，鲜有清醒，辛弃疾在这乱世中行走起来总是会被太多牵绊滞留脚步。但是这一次，为了家国大业，在讨捕茶商军这一事件上，他还是与众不同，选择了招安为主，武力为辅的策略。

辛弃疾精心整编士兵，采取攻守之计。长此以往，被官兵围困在深山之中的茶商军战乏兵疲，只得出降官兵。为了作杀鸡儆猴之效，辛弃疾将茶商军为首的几个头领押至江州正法，其余人整编进江州的常驻军内。

临危受命之时，宋廷之上除了叶衡，没有人对他寄予太大希望。此役之后，江州乡野之远，无人不晓辛弃疾的军事韬略。

可他亦知，兵车羽檄并不是根治百姓暴乱的方法。他在呈给宋孝宗的《淳熙己亥论盗贼札子》中就直率地指出：“田野之民，郡以聚敛害之，县以科率害之，吏以乞取害之，豪民以兼并害之，而又盗贼以剽杀攘夺害之，臣以为不去为盗，将安之乎？”因而他恳请天子“深思致盗之由，讲求弭盗之术，无恃其有平盗之兵”。

一战成名的背后，其实都是百炼成钢。辛弃疾凭借着自己的卓越才能稳定了地方祸乱，赢得了宋廷的青睐，被提拔为秘阁修撰。偏偏世事总不能尽人意，正当辛弃疾风光抵达临安之日，才得知他的挚友叶衡早前被谤罢了相。一时间，他的头上仿佛被人浇了一盆冷水一般，瞬间凉透。

叶衡本是主战派的代表，这罢相的背后，无疑是主和派的人在暗箱操作。辛弃疾一方面为好友感到惋惜，对皇帝不能惜才爱才感到悲痛。另一方面，皆因叶衡离去后，他在宋廷之上孤木难支，不得不看着翘首以盼的北伐大计再度搁置。

人在忧郁的时候，执笔写下的词句也尽是忧愁。

青山欲共高人语。联翩万马来无数。烟雨却低回。望来终不来。

人言头上发。总向愁中白。拍手笑沙鸥。一身都是愁。

相遇而后告别，是深深浅浅的缘分。相知而后零落，亦是人们不可逆转的命运。有时候，得遇一个在精神领域高度共鸣的好友，便是人间最美的风景。用以衡量彼此间的距离的，不是人海，而是心间。

建康，是辛弃疾与叶衡相遇相知的地方。这座城市里，自古便有许多动人的故事。行走其间的人，只要用心感受便能发现，这里的每一寸土地，每一处城墙，甚至是秦淮河面泛起的一道涟漪，都散发着古老而庄重的气息。

赏心亭，更是辛弃疾过去时常登临的地方。《景定建康志》中记载："在（城西）下水门之上，下临秦淮，尽观览之胜。"立于建康赏心亭之上，可将城中的大半景物尽收眼底。悦目赏心的不只是峰峦起伏的青山，还有建康城数千年的历史印迹。

临安到建康的距离，可以是朝廷指派给辛弃疾的一件公务。故地重游，赏心亭则是一处不得不去的地方。

春寒料峭的三月，阳光的暖意还是不敌东风的寒冷。辛弃疾迎着山中寒气登上赏心亭，一路寻找往日与叶衡踏雪寻梅的时光。山底春色尽显，山上还未展露春颜。一路上，他闲看一春花色，闻着漫山草木溢出的清香，却始终未能消除心中的片片忧愁。

“青山欲共高人语。联翩万马来无数。烟雨却低回。望来终不来。”青山有灵，想要同高雅之人交谈，其气势如万马奔腾一般走来，却在烟雨低回处迷失了方向，迟迟不能到达。

一如辛弃疾南归后的十二年。奉表南归之时，他气势如虹，带领着千军万马横渡淮河投奔南宋。那时他的眼中，前路再清晰不过。可是南归之后，宋廷之上主和派与主战派争论不休，他的满腔抱负在各地辗转之时渐渐零落。曾经收复中原的壮志都化作山间低回的烟雨，大雾弥漫山林，登山之人难免觉得前途失迷。

公务稀薄之后，愁绪便日益浓厚。如果说辛弃疾是青山，那么高人便是叶衡。但此时，辛弃疾的高人叶衡正处于失意阶段。身为知己，即使辛弃疾尚侠任气，刚毅果决，在面对叶衡的境遇时，也会感到忧愁。

“人言头上发。总向愁中白。拍手笑沙鸥。一身都是愁。”世人常说，头上的白发都是因为愁苦所致。可如果真的是这样的话，那些浑身雪白的沙鸥，岂不是承载了满身的愁苦？辛弃疾立于赏心亭之上，笑看远去的沙鸥，不禁有此一问。

以轻谑恣意的方式，发出来自灵魂深处的质问，向来是辛弃疾的人生态度。然而，历史的烟雨总让人迷茫，不了解他的故事，又怎能知晓轻快的词句背后，其实是积郁难平。

愁绪无端不可寻，只见白发三千丈。赏词之人永远不知，辛弃疾的拍手一笑，是笑远飞的沙鸥，还是笑无缘于北上抗金的自己。

雄镇一方飞虎军

更能消、几番风雨，匆匆春又归去。惜春长怕花开早，何况落红无数。春且住，见说道、天涯芳草无归路。怨春不语。算只有殷勤，画檐蛛网，尽日惹飞絮。

长门事，准拟佳期又误。蛾眉曾有人妒。千金纵买相如赋，脉脉此情谁诉？君莫舞，君不见、玉环飞燕皆尘土！闲愁最苦！休去倚危栏，斜阳正在，烟柳断肠处。

——《摸鱼儿》

人处于孤独与寂寞的境地中，往往会变得更加睿智。因为要一直保持清醒，才能更加理性地面对心外世界的流言蜚语。

诚然，我们身边总有一两个特立独行的人，他们是异样的存在，便免不了招来周围人的纷纷议论，更甚有之，会遭到有心人的排斥。而往往他们面对的境遇，后者更多。

许多时候，那些被我们看作“奇葩”的人，他们只是在最初的时候颤巍巍踏出了一步，而世人却用唇刀舌剑将他们封锁在寂寞的洞穴里，不见天日。如此这般，便不能说是他们选择了孤独，而是周围人给他们营造了这样一个环境。

在这个即将崩塌的时代里，辛弃疾便是这样的存在。自从好友叶衡被罢了相，主战派的气势大不如前。但即使主战派只剩他一人，他也愿意与那些甘愿偏安一隅的大臣们单打独斗，为北上伐金献计献策。

只是很多时候单打独斗往往不如抱团取暖的力量来得大，辛弃疾在这条逐梦之路上虽然走得格外坚定，但他也看得清自己的境遇。他曾在《论盗贼札子》中说道：“生平刚拙自信，年来不为众人所容，恐未脱口而祸不旋踵。”

一如他所言，宋廷之上关于他的诽言谤语不计其数。偏偏龙椅之上的宋孝宗是个听得进谗言的君主。每每听到朝臣进言，仿佛那个刚毅果决、英勇无畏的平乱大将的形象，一时间在宋孝宗心中荡然无存。

于是，他便将辛弃疾的官职屡屡调换。从原来的秘阁修撰改调京西转运判官。还未数月，又将他调任为湖北安抚使。史书上说，这一次官位的变动，即又开启了辛弃疾颠沛流离的仕途生活。

北风无情，吹来一冬的纷纷大雪，为青山染了白发。辛弃疾只身在这凛冽的寒冬里，看漫天飞雪洋洋洒洒飘落一地，像极了这个正下降的时代。天地一色，原本是一场盛大奇观，可在辛弃疾眼里，却了无生趣。

他不曾看见唐朝诗人岑参描述的“忽如一夜春风来，千树万树梨花开”般的景象，只有如崔涂诗中描述的“乱山残雪夜，孤烛异乡人”一般的感触。

飘零数载，他亦知湖北安抚使不是他的久任之职。不论他曾经创造了何种功绩，朝廷中人依旧排斥他。他们痛恨金人掠夺了大宋的土地，所以连带那片失地上的臣民一起厌恶。他们一边害怕着金人的铁骑踏破临安的城门，一边却在打压保家卫国的将领们，生怕突如其来的战争打破了当下的和平与寂静。

雪纷纷，掩重门，不由人不断魂，瘦损江梅韵。辛弃疾站在雪地里回首南归以来的时光，突然生出一种北风寒凉，无人知意的情绪。满目苍山，清愁无限，辛弃疾在南宋的官场上正处于一种欲进不能，欲退不甘的境地。想奔赴战场，驱逐金人，却无人引荐，报国无门，想退隐田园，逃离尘世，可心中夙愿常在，他始终不愿脱身。

果真不是所有的江河都能流入海洋，也不是所有的梦想都能看见清晰的形状。

等待的时间越久，愈感前路迷茫。朝廷一次次改调辛弃疾的官职，于辛弃疾来说便是一次次的重新开始。从头来过，往往需要莫大的勇气，而屡屡如此，便足以将那热烈的气焰消磨殆尽。

淳熙七年，是辛弃疾南归后的第十八年，那一年的他正值四十一岁。本是不惑的年纪，他的心中却如大雾弥漫，辨不清方向。他刚刚从湖北安抚使的职位上改调至湖南安抚使。湖北与湖南，不过洞庭湖之隔，却让满腹英雄才情和将帅之才的辛弃疾陷入苦闷悲愤的情绪里。

为官几度辗转，他的生命旅程已经行走过半，可北上伐金，收复失地的梦想却迟迟不能实现。他原以为南归便是为梦想着色的开始，却不料宋廷虽然赐予他一支画笔，却从未给过他作画的机会。即使他曾偷偷试图作画，可每每将成果呈给宋廷之时，都只能得到嗤之以鼻的待遇，譬如《美芹十论》和《九议》。

“一片潇湘落笔端，骚人千古带愁看。不堪秋著枫林港，雨阔烟深夜钓寒。”湖南，在历史上一直都带有些许神秘的色彩。奔腾滚滚的湘江水是凄美的湘妃流下的眼泪，在洞庭一湖“衔远山，吞长江”的岳阳楼是多少文人墨客跨越千山万水也要登临的地方。

只是辛弃疾来到这里，却不是来跋山涉水，吟诗作赋的。宋孝宗时，南方地域频发盗贼，驻守在地方的军队已不能镇压平乱。而此前辛弃疾有平定茶寇的经历，于是他便成了众人眼中前去平乱盗贼的不二人选。在大是大非面前，宋孝宗权衡利弊，当以国家内部安定为重，便将辛弃疾调任湖南安抚使以镇压盗贼。

此时，朝廷之上所有关于辛弃疾的污言谤语，宋孝宗都听而不闻。于辛弃疾而言，镇压起义却是他不愿做却不得不做的事情。他知，在这四分五裂的时代，每个人包括天子，都只是棋盘上的一颗棋子。如果走不出这盘棋，便只能在棋局里奋力挣扎，只因稍有不慎，便会被对手粉碎成灰。

淳熙四年之时，便有地方官员奏报：“江西，湖南多盗，诸郡厢、禁军单弱。乞令两路帅司，各选配隶人置一军，并以敢勇为名，以一千人为额。”建立一支强劲的地方军，虽不是镇压起义的根本措施，却能换来地方一时的太平。然而，当时盗贼事态并未恶化，这个计划就被暂时搁置了。

如今辛弃疾上任，做的第一件事便是重新向宋孝宗上奏，建立一支军队镇压盗贼，名为飞虎军。以飞虎之姿，雄镇一方，惟愿两湖之地重归太平。这一次，宋孝宗没有犹豫，立即拍案同意了辛弃疾的提议。

人们皆说，行走在人生道路上，身体与灵魂一直在不停地对话。一路上邂逅的无数美景，得到的处世哲学，其实是另一半自己的回归。一路的寻找与获得，都只为了丰富当下的自己。

同样，辛弃疾创立飞虎军的目的也不单单是镇压盗贼，备御边境这么简单。这支军队还隐含着他对收复中原的渴望。无疑，这是他对命运的一种妥协，如若不能上阵杀敌，那么就让国家变得富强安定。徐徐图之，方成大计，总有一天他可以率领自己建立的军队帮助大宋收回失去的土地。

飞虎军建成后势如破竹，很快便平定了地方盗贼作乱。《宋史》本传记载："军成，雄镇一方，为江上诸军之冠。"然而就在辛弃疾志气升腾的时候，朝廷的一纸调令又将他调离了湖南，差知隆兴府兼江西安抚使。自古以来，功高盖主从来是皇帝最忌讳的事情。或许这便是宋廷还未等他好好壮大亲手建立的飞虎军，便命令他速速离去的缘故。

“尽一曲，长恨复长恨，裁作短歌行。何人为我楚舞，听我楚狂声？”实际上，并未有人听见他内心的嘶吼。辛弃疾心中一再燃起希望，又一再凉透。他便只得听从天命，将心底的愤懑与愁苦，都化作斑斓的笔墨。

更能消、几番风雨，匆匆春又归去。惜春长怕花开早，何况落红无数。春且住，见说道、天涯芳草无归路。怨春不语。算只有殷勤，画檐蛛网，尽日惹飞絮。

长门事，准拟佳期又误。蛾眉曾有人妒。千金纵买相如赋，脉脉此情谁诉？君莫舞，君不见、玉环飞燕皆尘土！闲愁最苦！休去倚危栏，斜阳正在，烟柳断肠处。

走得最快的也许不是时间，但它却不停地在流逝。所有的挽留只作无用之功，能留下的也只有无穷无尽的伤感。

一天之中，最能牵动人心的时分往往是黄昏和夜晚。一年之中，最能勾起人们内心愁苦情绪的时节，一般是暮春或深秋。是以，这首《摸鱼儿》便是辛弃疾在春末时节所作。

“更能消、几番风雨，匆匆春又归去。”暮春时节，风雨常至，那些貌美的春花又能经受得起几番风雨？其实在所有物是人非的风景里，春天早已逝去。纵然词人心中有千万般不舍，却也无可奈何。

他只恨春花开得过早，才凋零得如此之快。百花落尽，春天自然归去。词人在想，如若没有一开始，或许也不用像现在这般负重前行。长恨此身非我有，何时忘却营营？恨只恨自己生活在一个破碎的时代，不得不忍受这落红成阵的光景。

眼看着春日将尽，词人不禁大声疾呼：“春且住！”既然花儿无法迟开晚放，那么就请春天留住离去的脚步吧。海角天涯也没有你的归处，不如从此留下，以免四下流离，无枝可依。情至深处，词人仿佛一个天真任性的孩子。只叹四季轮回，岂是简简单单一句话便能阻止的。

“怨春不语。算只有殷勤，画檐蛛网，尽日惹飞絮。”春天自然没有理会辛弃疾的苦苦挽留，依然悄无声息地离去。于是他轻轻埋怨春的无言自去，只得兀自寻找一些残春的痕迹。屋檐上的蛛网，沾满了飘飞的柳絮，恰是百花消逝之后留下的些许春色。

辛弃疾生性豪放，不拘小节。如今却深深陷入春逝的伤感中无法自拔。落红无数的暗淡让情绪低落的他更加黯然神伤。在词人心中，南宋就如眼前的春天，他热爱自己的国家，却又不免对他深感痛惜与失望。

春天离去，国家败落。他希冀于南宋停下脚步，只因风雨飘摇之下，除却北伐抗金，没有第二条路可以保持大宋江山千秋万代地绵延下去。可大厦将倾，国势衰微，即使他不愿面对这个残酷的现实，也不能置若罔闻。事与愿违的时候，心中难免生出异常的苦痛之感。

“长门事，准拟佳期又误。蛾眉曾有人妒。千金纵买相如赋，脉脉此情谁诉。”词人说，长门宫内的陈皇后本已有了与汉武帝重聚的希望，但由于遭到武帝身边其他女子的妒恨，致使佳期无望。这种时候，纵使陈皇后以千金买得司马相如的生花妙笔，作一首满是真情的《长门赋》，也没有谁会听她倾诉。

辛弃疾似为陈皇后而伤感，其实是为自己伤感。爱而不成，则生恨心。辛弃疾痛恨权奸当道，蒙蔽君主，痛恨朝廷不思恢复失地，反而排挤抗金志士。他以长门陈皇后自比，哀叹自己遭受小人妒忌，继而被君主猜忌，无法在抗金的战场上大展宏图。

不论词人再怎么感时伤逝，也难以化解自己的身世之悲和家国之恨。

“君莫舞。君不见、玉环飞燕皆尘土。”辛弃疾隔着千年的距离，对那些妒恨陈皇后的女子说道：“切莫高兴得载歌载舞，须知玉环、飞燕也难免归于尘土。”同样，那些打击陷害忠良的权贵奸小，也休要得意忘形。总有一天，玉环、飞燕的命运，最终也会降临到你们头上。

暮春的凉薄寒了一颗炽热的爱国之心。仰天望月，仍然是“闲愁最苦”。辛弃疾在斑驳的历史中，站成了一尊执着的雕塑。他立于高处告诉世人：“休去倚危楼，斜阳正在，烟柳断肠处。”因为靠着高楼，会看见一点点下坠的残阳、苍茫迷蒙的江水、青烟笼罩的垂柳。这些悲凉的光景，只会令人联想到江河日下的国家。

春日将尽，一切成空。辛弃疾的北伐之梦在岁岁年年的时光里，时而清晰，时而朦胧，逐渐变了模样。在一条向死而生的道路上行走，除了黄土白骨，本没有其他归宿。

第四章 隐居避世赋闲生

误入尘网中，一去四十年。在这条逐梦之路上，辛弃疾追寻半生，最终却是竹篮打水一场空。荒芜了时间，也尝尽了世间百态。一无所有之后，他方才看见，桃花流水窅然去，别有天地非人间。

受诬罢任功名误

倾国无媒，入宫见妒，古来颦损蛾眉。看公如月，光彩众星稀。袖手高山流水，听群蛙、鼓吹荒池。文章手，直须补衮，藻火粲宗彝。

痴儿。公事了，吴蚕缠绕，自吐馀丝。幸一枝粗稳，三径新治。且约湖边风月，功名事、欲使谁知。都休问，英雄千古，荒草没残碑。

——《满庭芳》

这世上有些人，在自己的世界里，做到了最好，任凭窗外狂风暴雨，也从未改变初衷。但这些在他人看来，许是一场大梦。明明知道不可能实现，却还在奋力追逐。

自古以来，能真正洞悉人生真谛的人很少。如若有的话，即被后世之人称为圣人。庄生梦蝶，逍遥而游；老子执拂尘骑青牛，一生向往无为而治；五柳先生隐居田园，种豆于南山下，甘愿以物质之贫瘠换得精神之富饶。竹林七贤以山林为乐，每日饮酒赋诗，是为快活之境。

他们皆是世人眼中的圣人，在短暂的人生中，成就了最好的自己。

然而，不是所有的人都有这样的至高觉悟，尤其是一个从小就被灌输家国大业的思想的人。辛弃疾同所有人一样，是纷飞尘世里的一颗渺小的尘埃。活在一个下降的时代里，想要逃离，却一直放不下心中的执念。从小祖父就告诫他，长大以后要做一个顶天立地的男人，心中常怀家国，手中紧攥梦想。

恢复故国的梦想在他心中生长了四十二年。四十余年，他经历过战乱，也享受过和平。受过冷眼，也曾被人推崇，可奔赴战场的信念，终究如手里的一把沙子，越是紧握，越是流得快。

辛弃疾时常悲慨自身，将自己比作秋日的阳光，在冰冷的寒潭里搁浅，原有的些许暖意被冰冷的潭水一点点侵蚀，终是凉透，被周遭的寒意一点点吞噬。

淳熙七年的那个冬天，辛弃疾被宋廷从湖南安抚使一职上调任为江西安抚使。天地苍茫的世间，北风凛冽刺骨，他依然纵马不歇。飞虎雄风被迫抛在身后，已然距离他越来越远。

抵达江西的那一晚，他彻夜未眠。桌案上的烛光明明灭灭，辛弃疾坐在书案旁，轻轻擦拭手里的青锋剑。骤然间，他手握青锋愤然一弹，桌案瞬间一分为二。就在这时，无数抗金大将浮现在他脑海里，一时间热血满溢，心中尽是北伐的念头。

想当年，自己在沙场上是多么英勇无畏。攻城略地，慨谈大计，是那般激烈精彩。转而如今，却只能腰悬利剑，不能奔赴战场斩杀金军。四十几岁，原是一个心怀梦想之人的高光时刻，可他却处在人生中一个尴尬的十字路口。不论是向左还是向右，都抵达不了梦想的终点。

命运总是与他一再为难，前一秒让他登临高位，下一秒又让他瞬间跌入万丈深渊。

在江西安抚使任上，辛弃疾凭着过人的才能治理了江西一带连年的旱灾，朝廷对其进行封赏，将他提为奉议郎，相当于今天做决策前的顾问一职。这是他为官多年，最为满意的一个官位。

作为主战一派，辛弃疾时刻不忘纵身上马、拔剑杀敌的梦想。他不断向宋孝宗进言，是废和议，备战北伐。然而树大招风，这些主张与朝廷上的主和理念，以及南宋当时几经风雨才换来的“安稳太平”背道而驰，因而淳熙八年十一月，辛弃疾被改除两浙西路提点刑狱公事。没过多久，就因台臣王蔺以罗织罪名弹劾而落任新职。

被理想放逐，被朝廷轻视。他永远只是一颗南宋“用之则珍，不用则弃”的棋子。辛弃疾辗转在江南各地多年，落了寂寞，也荒芜了人生。满目疮痍之下，只有写诗和作词能带给他一丝慰藉。

倾国无媒，入宫见妒，古来颦损蛾眉。看公如月，光彩众星稀。袖手高山流水，听群蛙、鼓吹荒池。文章手，直须补衮，藻火粲宗彝。

痴儿。公事了，吴蚕缠绕，自吐馀丝。幸一枝粗稳，三径新治。且约湖边风月，功名事、欲使谁知。都休问，英雄千古，荒草没残碑。

古人望月抒怀以作文章的场景，和登高望远一样普遍。“心事竟谁知，月明花满枝。”在花间派词人温庭筠眼里，明月不仅是高悬于天空的一轮飞镜，更代表着赏月之人心底的一份缱绻和浪漫。

“今人不见古时月，今月曾经照古人。古人今人若流水，共看明月皆如此。唯愿当歌对酒时，月光长照金樽里。”在诗仙李白看来，天空中的那轮孤月必须配以手中的清酒，才能不留遗憾。

时间一分一秒地逝去，那些曾经对月感伤的人，大多数都化作的一抔黄土，唯有那轮时圆时缺的明月，千万年也未曾改变。不论是古人还是今人，都不过是历史长河中的阵阵洪流。他们亦有共同之处，是为赏月时的心境。或明媚，或悲伤，总有一种微妙的情愫深藏于心。

与辛弃疾并称为“苏辛”的苏轼，对月亮的认知更为深刻。他的那首《水调歌头》更是流芳百世的千古绝唱。“人有悲欢离合，月有阴晴圆缺，此事古难全。但愿人长久，千里共婵娟。”只要心中有寄托，不论月圆月缺，内心的情感都依旧饱满。

辛弃疾抬首秋空，只见月光如水般倾泻在四面八方，不禁吟出一句：“看公如月，光彩众星稀。”月华过盛，以致其周围的星星都黯淡许多。而围绕在月亮周围的阴云，则是他心中朦胧的阴影。漂浮不定，一如辗转飘零的自己。

史记中有云：“女无美恶，入室见妒；士无贤不肖，入朝见嫉。”自古贤德忠诚的有才之士难以居于朝廷之上而平安无事，辛弃疾又如何得以豁免？辛弃疾自知谏官多误身，可他不悔。即使孑然一身，回到最初的起点。他也仍是当初那个怀有一颗赤子之心的追梦者。

“且约湖边风月，功名事、欲使谁知。”带湖之畔风月无边，或许是个戢鳞潜翼的好地方。功名利禄，在身死之后也无非如一缕青烟，渐渐消散。更何况，那些在史书上千古流芳的英雄的坟冢之上，也早已长满了荒草，无闻于世。

顺其自然，随遇而安，也不失为一种安逸的幸福。当辛弃疾开始认识万事皆空的佛门真理时，他便渐渐放下了心中的执念。

流年终究辜负了他，而这一次，他也该为自己真正活一次。

带湖新居径初成

三径初成，鹤怨猿惊，稼轩未来。甚云山自许，平生意气，衣冠人笑，抵死尘埃。意倦须还，身闲贵早，岂为莼羹鲈鲙哉。秋江上，看惊弦雁避，骇浪船回。

东冈更葺茅斋。好都把轩窗临水开。要小舟行钓，先应种柳，疏篱护竹，莫碍观梅。秋菊堪餐，春兰可佩，留待先生手自栽。沈吟久，怕君恩未许，此意徘徊。

——《沁园春》

春风年年吹拂杨柳，催醒冬眠的万事万物，岁岁如斯，亘古不变，而古老斑驳的城墙，却泄露了时间的秘密。它见证了朝代更迭，时间在一分一秒地老去，更见证了尘世中的独行者历经风雨，而后归来的起伏命运。

在这个羸弱无骨的时代，辛弃疾注定只能做个无奈的英雄。独木不成林，纵然他心怀天下，志气高洁，但在这个四分五裂的时代，他终究如蝼蚁一般，任凭他如何挣扎，也难以扭转乾坤。

眼前这个满目疮痍的国家令他一次次跌倒，凭着报国的信念，他又一次次坚强地爬起。志气逐渐消磨，他也开始在人生的岔路口徘徊。向左还是向右，只看他心中对宋廷的期待。

他不是不留恋朝堂，毕竟这里栖息了他四十多年的梦想，只是南宋一次次的妥协和排挤，渐渐令他窒息。越来越多的时候，他生出一种逃离的念头，愿将功名利禄散尽，煮一壶山水清欢，结庐在幽境。

一往桃花源，千春隔流水。东晋诗人陶渊明在历经宦海沉浮之后，毅然决定退隐田园。见惯了尔虞我诈，方才看透浮生虚妄。钟情自然如他，热爱自由如他，自是不会为官场束缚，为五斗米折腰。他的诗句质朴纯真，如饮甘洌，是华夏无可争议的田园诗派的开山鼻祖。

波似染，山如削，绕严陵滩畔，鹭飞鱼跃。东汉时的严光少年有名，与光武帝刘秀有同窗之谊。刘秀即位后，严光便隐名换姓，避至他乡。光武帝思其贤，便派人四下找寻，直到有人在富春江边看见严子陵披着羊裘默默垂钓。于是，刘秀便派臣子去邀请，不料却遭到他断然拒绝。

千古以来，严子陵定是那唯一一个敢于拒绝天子的人。聪明如他，早已看透繁华如梦，梦醒成空的道理。不为名缰利索所羁，甘愿闲时垂钓于溪上，才是生活应有的模样。

带湖地处氤氲的南国，风光无限。如若住在此处，便可在春日看和风细雨，百花齐放的美景；在夏天浮瓜沉李，酿一壶香气四溢的青梅酒；在秋天登临高楼，看满山红叶覆盖来时的路；在冬日里听窗外的北风呼啸而过，一家人围绕在火炉旁，闲话家常。

早前，辛弃疾在江西任安抚使时第一次看到这样的景象便已心动不已。他深知自己的身份与性格必会招来官场中人的排挤和诽谤，以防日后被罢官卸任，于是便决定买下这片土地。所谓“用之则行，舍之则藏”，似乎每个久经官场的人都有这么两手。辛弃疾亦如此，只是不到万不得已，不会轻言归去罢了。

在湖南安抚使任上时，他一边创立飞虎军，一边便开始营建带湖居第。依山傍水建立几间房舍，还开辟了几块田地。辛弃疾在公务闲暇之时会来到这里体验山水之趣，效仿古人别一壶清酒，醉卧于秋林晚枫，闻一曲琴音淙淙，不去想官场几多苍茫。

兴致来时，他还会一一为这里的景观取相应的名字。带湖、稼轩，皆缘于他的一颗向往田园的心。他曾言：“人生在勤，当以力田为先。”这也是为什么他将“稼轩居士”用作自己别号的原因。

命运本是在意料之外，还未等及他先从官场离开，朝廷就已经将他除名。淳熙八年冬，辛弃疾因台臣王蔺以罗织罪名弹劾而落任新职。而在此时，他的带湖新居刚刚落成。一切太过巧合，踏遍江南大地之后，仿佛这个时候他就应该归耕于田园，与一松一竹做朋友，与山鸟山花称兄道弟。

走遍人间，回首时才发现，人们奔命于这熙熙攘攘的世间，到头来为的也只是一碗清茶。无数混迹于官场的士子大多是儒家出身。最初的时候，他们以“修身、齐家、治国、平天下”为己，常与明烛为伴，勤修经典，只为一朝及第，从此走向黄金铺就的名利场。

古来多少人为了过这条独木桥挤破了脑袋，有人在桥这头奋力挣扎，即使看见桥上的人跌入深渊，粉身碎骨，也要奋不顾身地挤上桥去。可纵然上了岸，也不能保证以后的仕途就是一帆风顺的。皆说朝前的官场就如皇帝的后宫，明枪暗箭，着实难防。那些真正的忠义之士，到最后反而是最失意的人。

这时候，青山绿水就出现在他们的心中。静退、归隐、自由、与山水相伴，他们的思想逐渐从儒家转为道家。辛弃疾虽不是那千军万马般的文人中的一员，但在政治失意方面，他是有过之而无不及。家庭与时代赋予了他救国救民的使命，然而也正是时代的动荡与风波，令他在南宋的官场上无处容身。他知，归去是或迟或早的事。

三径初成，鹤怨猿惊，稼轩未来。甚云山自许，平生意气，衣冠人笑，抵死尘埃。意倦须还，身闲贵早，岂为莼羹鲈鲙哉。秋江上，看惊弦雁避，骇浪船回。

东冈更葺茅斋。好都把轩窗临水开。要小舟行钓，先应种柳，疏篱护竹，莫碍观梅。秋菊堪餐，春兰可佩，留待先生手自栽。沈吟久，怕君恩未许，此意徘徊。

总念着归隐，却一直放不下北伐的梦想。他只说：“沈吟久，怕君恩未许，此意徘徊。”都已经收拾好前往带湖的行囊，他还在徘徊什么呢？不过是希望天子还能看见他的一腔赤诚，将他留下罢了。如果可以，他愿意抛下一切奔赴战场，纵马杀敌，为南宋收回中原大地。

算人世荣华多几时，何时忘却营营？满腔报国的热血无处挥洒，积郁的心情唯有山水才能够化解。既然不能留下，或许归耕田园才是辛弃疾最好的选择。

方寸庙堂没有他的容身之处，还有广阔无垠的天地等他去欣赏。

“三径初成，鹤怨猿惊，稼轩未来。”词人直言，再不归去，就连带湖之畔的仙鹤和山中的猿猴也要责怪于他了。只有忘却营营，才能寻到心灵的幽静之处，让那颗被红尘侵染的心彻底清醒。

想当初，北宋才子柳永被宋仁宗批判道：“且去浅吟低唱，何须浮名？”皇帝直接将他从黄金榜上除了名，此后柳永便称自己为奉旨填词柳三变。辛弃疾亦自嘲道：“君恩重，且去种芙蓉。”他不是柳永，秦楼楚馆于他终是另一个世界。栏杆拍遍之后，他只会枕山栖谷，望峰息心。

许是写这首《沁园春》的时候，辛弃疾喝了几口陈年的酒，让一向清醒的他，有了微醺的醉意。半醒半醉之时，才愿意将自己的心声尽情吐露。“意倦须还，身闲贵早，岂为莼羹鲈鲙哉。”辛弃疾决心退隐，要在风月无边的带湖洗涤他的灵魂。高傲如他，直言自己并非是像当年西晋的张翰一般是贪恋家乡的莼羹鲈鲙而归去，而是意已倦，须当还。

酒不醉人人自醉，古旧的铜杯，分明还有着那年辛弃疾酿的酒香。

带湖旁的房屋门前有着简陋的栅栏，还有几块稻田与菜地，那里承载的不仅仅是伶仃的荒草，还有辛弃疾对自由的向往。去了那里，他要像一树梅花一样，在冬日里兀自绽放，傲然挺立于彻骨风霜之中，和漫天的雪花比谁更香。

“要小舟行钓，先应种柳，疏篱护竹，莫碍观梅。秋菊堪餐，春兰可佩，留待先生手自栽。”辛弃疾在心中规划着，要在东冈修葺一间茅斋，轩窗临水而开，还要像五柳先生一样，在门前种些杨柳，看着它们一年年茁壮成长。等到可以遮阴蔽日之时，他就在湖边静坐垂钓。还有青竹、腊梅、春兰、秋菊，这些他都要一一亲手栽种。

总有一天，他会建立一个专属自己的世外桃源，就像当年一手创立飞虎军时一样。

隐居后，田园间，辛弃疾时常划着一叶扁舟，涤荡在带湖上，看惊弦雁避，骇浪船回。偶尔行走于山间小径，只见莺飞蝶舞，不见尘世里的车马喧嚣。他心中所有的不安，终会随着时间远去，被静谧的山水慢慢抚平。

纸醉金迷里，他淡然自持走到最后。山林深处，他将平淡的日子演绎成盛大的欢喜。

僵卧孤村颇堪哀

白日射金阙，虎豹九关开。见君谏疏频上，谈笑挽天回。千古忠肝义胆，万里蛮烟瘴雨，往事莫惊猜。政恐不免耳，消息日边来。

笑吾庐，门掩草，径封苔。未应两手无用，要把蟹螯杯。说剑论诗余事，醉舞狂歌欲倒，老子颇堪哀。白发宁有种？一一醒时栽！

——《水调歌头》

在闲逸舒适的环境中生活久了，人们往往变得容易满足和宽容。过去曾受到的伤痛，随着时光日夜轮转，也会慢慢痊愈。

在修复南宋这座高楼中，辛弃疾原本应是栋梁之材。只恨自己有着满腹才华，同时又背负着归正人的身份。此等尴尬的处境，不由得只被宋廷当作了一枚随用随弃的螺丝钉。这对于一个有着鸿鹄之志的人来说，无疑是最大的轻视。

回想当初那个二十一岁的少年，鲜衣怒马，在起义场上奋勇杀敌时，是何等荣光。转眼而今，风烟俱尽，北方的故乡被金人牢牢占据无法归去，南归之后也只能辗转江南各地，仿佛到哪里都是异乡。

当初与现在，隔着的不过是一剪有长度的光阴。二十余年，早已让这个流浪的人忘了归家。在带湖之畔，他像被一场强劲的秋风吹拂的杨树，曾经的梦想就像身上的一片片树叶，簌簌飘散，零落成泥。

无法截断东去的流水，也无法留住逝去的时光。有人说，浮生若梦，倘若一生执着于利禄功名，便永远看不见梦醒时的风景。诚如是，辛弃疾隐居带湖，却不曾真正醒透。

真正放下的人会长久觉得大自然的风物是沁人心脾的。不论是在炎热的盛夏，还是在飘雪的冬日，他们甘愿将俗世的繁华交还给岁月，换得自己的初心。风轻云淡之下，他们以粗布青衫为水，以真情作酿，感受着来自内心的真正的自由。

然而，纵使辛弃疾的身体已经在带湖居住了很久，心灵却还在来时的路上不断徘徊。起初的时候，他也试过把盏临风，静听花语，将生命里的每一份遇见都化作笔下长情的诗句。可每每提笔之时，乡野的田园都会变作热血的沙场，花草的恬淡也会散发出低沉的宦情。

岁月的风嘶哑了，却还固执地唱着从前的歌。辛弃疾如果真的放下了北上伐金的抱负，倒也不会像如今这般痛苦。昔日，他被污罢官，因树为屋，本是被迫之举。心灰意冷之下，才选择了避世隐居，逃离世事。可当他带湖待的时日久了，便发现明朝的一席春雨，山下的那一畦青翠，并不能满足他对生活的憧憬。

这条关于北伐的征途，始终是他心中斩不断的执念。世间最彷徨的事，莫过于站在人生的路口，已经选定了向左行走，却还对向右的路念念不忘。自古而今，大抵只有得不到的才是人们最在意的。

带湖的风物一览无余，清晰地展现在辛弃疾的面前，而身后的仕途早已被飞逝的时光一点点湮没。在这黑白不分的时代，许多事还未等到他去选择，去博弈，便已经输了。

庙堂之高，在于他南归二十余年，都未曾触及到梦想的尾巴，而此后的时光，亦不会有太多机会让他抓住。江湖之远，在于他看着眼前的一景一物，依然觉得这不是他理想的归宿。到头来，不过是空把岁月蹉跎。

辛弃疾曾经固执地以为理想就在前方，只要他不懈努力，终有一天能让宋孝宗看到他必胜的勇气和决心，然而他在南宋官场兜兜转转二十余年，才发现自己只是回到了最初的起点。在自己圈起的领地里，他始终无能为力，只得亲眼看着北伐的梦想，穿着最华丽的服饰，以最庄重的姿态扑面而来。

他一度以为带湖此地，就是他最好的归宿，只要在这里认真生活，就能亲尝余生清欢的滋味。然而，愈是平静的地方愈是令人感到孤独。当清冷的月光透过窗户照进屋内时，忧愁和苦痛也一点点侵入辛弃疾的身体和灵魂。

时光苍茫无涯，终是这一刻的感动，没能在下一秒延续下去。

他做不到如李白一般踏遍祖国的千山万水，写出无数浪漫潇洒的诗句，也做不到如陶渊明一般，毅然拂袖转身，从此山水是归途。壮年归隐的辛弃疾，始终接受不了自己空有一身才华，却无处施展。

寂寞之余，他只得将所有的情绪宣泄在笔墨词章里。有人曾说，命运从未亏待任何人，如果给你关上了一扇门，必然要为你打开一扇窗。对待辛弃疾亦如是，时代毁灭了他金戈铁马的北伐梦，却给予了他一支写就万古词章的墨笔。

然而命运不知，如果可以，他愿以雄劲有力的笔墨换得一次上战场的机会。

白日射金阙，虎豹九关开。见君谏疏频上，谈笑挽天回。千古忠肝义胆，万里蛮烟瘴雨，往事莫惊猜。政恐不免耳，消息日边来。

笑吾庐，门掩草，径封苔。未应两手无用，要把蟹螯杯。说剑论诗余事，醉舞狂歌欲倒，老子颇堪哀。白发宁有种？一一醒时栽！

带湖之水再一次托起了理想的帆船，载着辛弃疾重回南宋官场的信念，在风中慢慢前行。没有船桨的划动，只能等待北风劲吹。然而这阵可以吹动船帆的北风始终没有到来，梦想的小船只能在苍茫的湖泊里搁浅。

曾有人说，世间幸福的模样大多相似，而不幸的姿态总是不胜枚举。辛弃疾放逐了理想的船帆，却不曾看到一片湖泊终究不是一汪海洋，秀色可餐的带湖更是不能实现他那波澜壮阔的梦想。

人们总是以为踮起脚尖就会更接近天空，殊不知，蓝色天空之上实则是黑漆漆一片片。

辛弃疾躺在带湖居第静谧安然的港湾中，心有挂碍，终是没有亲手栽下他所许诺的春兰秋菊、青竹杨柳。人在带湖，心却早已飞进了临安府的朝堂之上。时间越久，他心中难隐的红尘之梦便愈加蠢蠢欲动。

“白日射金阙，虎豹九关开。见君谏疏频上，谈笑挽天回。”他欣赏汤朝美的忠肝义胆，即使朝廷的九道门有虎豹把守，他也无惧无畏勇敢推开。这一切，只为向天子阐述自己的政见。满满的信心是他的气势，满腹的才华是他的武器，最终皇帝听取了他的谏言。

此等胆魄的大臣正是词人自身的写照。既是相同，便免不了落得同样的命运。这般敢于直言、敢于针砭时弊的人，必是那些阿谀奉承的大臣眼中的钉子，就连天子也不能忍受这样一个忤逆的存在。终是“千古忠肝义胆，万里蛮烟瘴雨，往事莫惊猜”。

遇见一个昏庸无能的君主，不亚于生活在一个黑暗的末世。纵然有着经纬天地的理想，在时代面前，也只是一个尴尬的存在。偏偏是辛弃疾即使知道官场上的尔虞我诈，也不能真正做到纵情山水，醉心田园。

“政恐不免耳，消息日边来。”朝野之外，辛弃疾心心念念的仍是家国大业。他期待着朝廷的旨意从临安府传来，给身在江湖的他一个慰藉。

只叹他现在所过的这般诗意的生活，是多少文人穷尽一生也不能寻到的风景。然而他却一直想要逃离。辛弃疾一直坚信他是属于战场的，纵然岁月苍老了他的容颜，风霜吹白了他的青丝，他也富有满腔热血与豪情。

透过门前柳枝的缝隙，他默默看着临安方向的高山，满脸尽是苦涩。

“笑吾庐，门掩草，径封苔。未应两手无用，要把蟹螯杯。”门前的土地已经长满了荒草，而当初为志同道合的友人修建的“三径”也布满苔藓。无人寻访，他这避世之所当真成了与世隔绝的地方。

落花有意，流水无情。带湖的风物与辛弃疾之间，就像一个忧愁的女子，站在桃树下的渡口，痴痴地等待前去征战的夫君归来。

酒，让人沉迷，也让人清醒。李白曾说：“借酒消愁愁更愁，抽刀断水水更流。”王翰却说：“葡萄美酒夜光杯，欲饮琵琶马上催。醉卧疆场君莫笑，古来征战几人回。”辛弃疾手里的酒，是忧愁也是豪放。当带湖之外有北伐之声传来时，即使作为一个平民，他也定会毫不犹豫地跳进滚滚红尘里，为南宋收复疆土尽一份力。

然而，微小的景致盛不下偌大的情怀。偏安一隅的南宋也不会点兵北上。辛弃疾能做的也只有放下平日里的武装，斟上几杯清酒，而后“说剑论诗余事，醉舞狂歌欲倒”。

即使在带湖这样绝美的风景里，他也不愿意与生活化干戈为玉帛。不仅为难了岁月，也为难了自己头上的白发。世人常说，人们若是长久处于一个悲伤的环境中，容颜也苍老得快许多。辛弃疾却不在意，直说：“白发宁有种？一一醒时栽！”若是岁月趁他睡着的时候，侵染了他的青丝，等到他醒转之时，便会将他们一一拔掉。

如此豪言壮语，无视时光老去，也只有辛弃疾了。然而退隐不甘，出仕不能，带湖的田园风光，终是成为了他落寞的陪衬。

酒社诗坛寻功名

风雨催春寒食近，平原一片丹青。溪边唤渡柳边行。花飞蝴蝶乱，桑嫩野蚕生。

绿野先生闲袖手，却寻诗酒功名。未知明日定阴晴。今宵成独醉，却笑众人醒。

——《临江仙》

华夏是诗的国度，亦是酒的国度。古时的诗人文人大多是酒鬼，在微醺的醉意中，往往能写就许多美妙的诗篇。李白、李清照如是，东坡先生、稼轩居士亦如是。

天子呼来不上船，自称臣是酒中仙。率性而出最为动人，酒社诗坛里，便是李白诗意的人生。唐朝那年，他以花草为席，以清冷的月华入酒，兀自看着苍茫大地上忽明忽暗的三个孤影，在诉说着寂寥无相亲的故事。

今人说，诗为雅，酒为俗，诗是阳春白雪，酒为下里巴人。可在古时，有多少诗，便有多少酒，有多少酒，便有多少诗。

“一蓑一笠一扁舟，一丈丝纶一寸钩。一曲高歌一樽酒，一人独钓一江秋。”秋光里，江水畔，诗人在扁舟里独酌秋钓，喝最烈的酒，吟最狂的诗，只管逍遥自在，不须鱼儿上钩。

“天边金掌露成霜，云随雁字长。欲将沉醉换悲凉，清歌莫断肠。”这首晏几道的《阮郎归》，用来描述一个失意的人的生活状况，再适合不过。漂泊异乡，站在萧瑟的秋天里，唯有一场大醉才能忘却心中绵绵无尽的愁苦。

“劝君更尽一杯酒，西出阳关无故人。”人的一生，总会面临各种各样的离别。有的离别尚可再见，有的离别却是化作黄土白骨，散落天涯。每每这个时候，便少不了诗和酒。酒入愁肠便成诗，多少不舍和伤感，都寄托在这一饮而尽的一杯酒里。

“白日放歌须纵酒，青春作伴好还乡。”酒能添愁也能解愁，失意之时谓借酒浇愁，得意之时称意须尽欢。某种程度上，诗圣的这句潇洒之语和唐朝诗人孟郊的“春风得意马蹄疾，一日看尽长安花”有异曲同工之妙。

诗酒人生，亦是古时文人的有情人生。他们在诗与酒筑就的梦境里，践行着自己的人生理想。觥筹交错，实则是那些未能兼济天下的文人，不愿直说的情感。

大雅若俗，大俗若雅，雅俗参半才是人生在世的处世哲学。只是人们难免生活在世俗的框框架架之外，要酿造一壶酒气香浓的人生之酒，写一首山高水远的下酒诗歌，谱一曲半梦半醒的动人词章，着实不易。

皆说人生如梦，酒如人生，在世间这个功名场，谁又能真正醒透。

世人心疼执着到底的辛弃疾，只愿他在带湖的山川秀色里，活出平凡简单的自己，不要用渺小微薄的力量，与危在旦夕的时代对抗。须知，梦想之所以被称为梦想，是因为你觉得它可以抵达，却始终遥不可及。

辛弃疾不是不知道这个道理，只叹手里的酒，笔下的诗，难掩他奋不顾身的真情。尤其是在得知好友叶衡去世的消息后，他更是悲愤不已。世间骤然少了一个欣赏他雄才大略的知己，南宋又少了一个主张收复中原的勇士。

“甚矣吾衰矣。怅平生交游零落，只今余几？”知交零落，一木难支，辛弃疾东山再起的梦想短时间内是难以如愿以偿了，唯有将平生意气尽数寄托在酒社诗坛里，心中的乌云才得以渐渐消散。

离开庙堂之后，辛弃疾便是稼轩居士。功名散尽的他，时常携一壶清酒，恣意于山水之间。时日长了，与花草树木，虫鱼鸟兽为伴，他的心中难免会生出落寞与孤寂。于是他便折身边的树枝为笔，以足下的大地作弦，将心事谱成一首首词曲，对着高山，对着流水，唱给世间所有失意的人听。

单调的人生从来不是一个视死如归的战士的理想。尽管哲学家们说人生不过是一个人从起点走到终点的距离，从一无所有，到争取，到拥有，再到一无所有。但辛弃疾始终想要在这只有几步之遥的距离里，拼搏出自己的一片天空。

每个人心中都有住着两个自己，心思缜密的文人更是如此。一个展露于世人面前，一个则被暗藏心底，往往不见阳光的那个才是最真实的自己。辛弃疾亦有两面，一个潇洒豪放，纵情山水，看似享受着自由与欢乐。一个却在心中挥刀舞剑，希冀于奔赴沙场收复中原，早日回到北方的故乡。

带湖的风物虽美，但不是他心中期望的柳绿花明。门前这片澄明的湖泊，是最自然的存在，却因千年万年久居于此，早已不能获悉山外的人间百态。辛弃疾来到这里数载，数十载，环境的变化不仅改变了他的生活状态，还改变了他对理想对生命的态度。

人生有酒须当醉，一滴何曾到九泉。怅然失意时，他效仿东坡先生，一樽还酹江月，与清风明月为友，共同饮下一杯和着岁月的酒。雨疏风骤时，他学习李易安，纵然浓睡不消残酒，也要尽酒而欢。

如若现实中给不了他践行理想的机会，那么清浅的笔墨中，则有他淋漓尽致的舒展。

风雨催春寒食近，平原一片丹青。溪边唤渡柳边行。花飞蝴蝶乱，桑嫩野蚕生。

绿野先生闲袖手，却寻诗酒功名。未知明日定阴晴。今宵成独醉，却笑众人醒。

悠悠岁月，就如一坛历久弥香的陈年老酒，静静地在幽深的巷子里散发着古老的芳香。行人只有停下脚步，才能品出酒如人生的醇香。

世人眼中的辛弃疾，是个正义凛然又有些许落寞的大英雄。这般管中窥豹的认知大多是从他的豪放诗词中得出的结论。

诚然，他骨子里有一种慷慨悲壮的气势，生活中有一种激情飞扬的态度，才会说出“马革裹尸当自誓，蛾眉伐性休重说”的豪言壮语。只有真正经受过血与火考验的人，才会令世人相信他就是那个“男儿到死心如铁。看试手，补天裂”的乱世英雄。

然而硬币有两面，他的词作亦是如此。除了悲壮豪放的大作之外，还有质朴自然的田园小词。大作可以定乾坤，小词也可安天下。

当清明有致的田园小曲顺着他时轻时重的笔触，参差不齐地落在一席宣纸之上时，人们才顿悟，硬币的反面，原来一杯记忆的佳酿，盛满了年少时的恣肆汪洋。

再饮一杯，就能跌落进阴阳昏晓的岁月长河里，与多年前的人生理想安稳地相遇。

无月无风的夜晚，辛弃疾为自己斟了一杯香浓的烈酒。半醉半醒中，他仿佛看见了当年那个带领五十人深入五万敌人军中生擒叛徒张安国的自己。那是何等的胆识和气魄，怎么如今却只能退隐深山，无人问津呢?

血泪交织的故事总能令人动容，而轻轻浅浅的笔墨则更能传递词人心中的期望。

“风雨催春寒食近，平原一片丹青。”东风化雨，催着时间一步步往前走。寒食节将近，原野之上绿草红花相互掩映，又是一年春发时。

辛弃疾的诗词中，凡是涉及时令的不是春天就是秋日。并非他不愿浓情绿意的盛夏或寒风凛冽的深冬走进他的笔墨中，而是烟雨绵绵的春日和漫天落叶的秋天更贴切他的心境。

“溪边唤渡柳边行。花飞蝴蝶乱，桑嫩野蚕生。”流水潺潺的小溪反射着太阳洒下的光辉，细细碎碎的光波随着溪水的流动显得格外耀眼。生机盎然的平原上风景如画，五彩缤纷的蝴蝶在百花周围凌乱地飞舞着，新出的桑叶下面原来还栖居着一只野蚕。辛弃疾立于柳树下的渡口上，无声地唤着远行的船只，不明为何宋廷召他去北伐的消息还没有传来。

等待的时日久了，心态或多或少会变得消极。辛弃疾只能每日流浪于带湖周边，把酒言诗，强行将过去与未来相连。带湖的风物里，蕴藏着他梦想的画卷。简练的文字下，阐释着他心中朦胧的期盼。

“绿野先生闲袖手，却寻诗酒功名。”词人也想如同绿野先生一般，浮生清闲，不问家国大事，在诗与酒中建立功名。然而原野茫茫，也只是造物主留在山谷的一方水土，怎知他的无奈之处不是“未知明日定阴晴”。

诗酒功名，终是虚妄。大多时候，都只是抑郁不得志的文人借以感慨自己的人生际遇罢了。辛弃疾与鸥鹭结盟，与诗酒为友，也只是不想让理想未竟的情绪，占据心灵的庞大空间，而后让他无法呼吸。

等待的时日里，杯中的愁与苦如雨后春笋般快速拔节。在词与酒的罅隙中，词人看不见国家的复兴，生活的安稳，只得悲叹："今宵成独醉，却笑众人醒。"

半世识尽愁滋味

少年不识愁滋味，爱上层楼。爱上层楼，为赋新词强说愁。

而今识尽愁滋味，欲说还休。欲说还休，却道天凉好个秋。

——《丑奴儿》

人们谈及李煜，总绕不开他亡国之君的身份。有人说，他更适合作一个词人，而不是一个君王。若他没有出生在后唐王庭，他的心里一定没有那么多的愁苦。我却认为，正因他是南唐后主，亲身经历了国破家亡的切肤之痛，才成就了他笔下的一首首动人词章。毕竟世人记住的，不是他一朝天子的身份，而是一名花间派的词人。

“问君能有几多愁，恰似一江春水向东流。”故国的风雨，是他心底抹不去的愁。笔下的词章，承载着他那一颗千疮百孔的心。

和李煜一样，辛弃疾的人生于他自己无疑是个悲剧，但于文坛却是一种幸运。诚如文学家们说得一样，一个人如果没有经历剜心般的痛楚，怎么能成就他的千古绝唱。

愁，本是世间事，特别是乱世里人们的普遍情感。愁有百种，有难舍难分的离愁，有归心似箭的乡愁，有苦闷似海的国愁，有劳心苦思的家愁，还有才下眉头，又上心头的闲愁……

中国古典诗歌有“以悲为美”和“以愁为工”的悠久传统。所以才让许多失意的文人，基于个人不同的生活境遇，写出许多愁绪满怀的传世词章。

诗仙李白被朝廷权贵排挤之后，毅然决定踏遍大唐的五湖四海，过着凄苦自乐的漫游生活。在转身离开时，他只留一句：“白发三千丈，缘愁似个长。”夸张的笔触下，是他对腐败的国家的深深忧愁。

易安风骨，秋水词章。与辛弃疾同时代的宋代女词人李清照在经历了国破家亡，夫君离世的一连串打击后，只道：“只恐双溪舴艋舟，载不动许多愁。”国仇家恨，和着潺潺溪水，尽数夹杂在她凄婉又悲愁的诗词里。

“来何容易去何迟，半在心头半在眉。门掩落花春去后，窗含残月酒醒时。”伤春悲秋，是古来文人用来表达内心愁苦，最诗意的方式。借助时令更替，感慨物是人非，石象的这首《咏愁》莫不如是。

愁绪来时潜移暗度，去时慢慢悠悠，一半高悬眉梢，一半藏于心间。愁绪就如满地落花的残春，不愿离开大好人间，只得半掩房门泪暗流。还如深夜偷偷照进词人窗内的清冷月华，酒醒入去独淹留。

“自在飞花轻似梦，无边丝雨细如愁。”如雨丝般的愁绪，是岁月在秦观的指缝里一点点逃跑的流沙。“试问闲愁都几许？一川烟草，满城风絮，梅子黄时雨。”如烟的荒草，漫天的柳絮，还有梅子成熟时节的凄风苦雨，这些江南特有的地方风物，都是贺铸当年的闲愁。

愁绪注定是个川流不息，无休无尽的存在，不论古人还是今人，都无法躲避它的侵扰。叔本华在《随笔和箴言集》中说道：“忧虑是社会中的流行病。几乎每个人每天都花费大量的时间担忧未来。但这一切都是无济于事的。”确实，忧愁如同心中的一朵黑云，不仅使人早添华发，还会使顽强的人生病。

辛弃疾壮年归隐，在带湖居第度过了一年又一年。每日堆积起来的国仇家恨，让此时已经步入中年的他难以背负。时间好似腰间已经钝化的青锋剑，在他脸上划下一道道愁苦的褶皱。略显蹒跚的步伐取代了他当年铿锵有力的足迹，被浊酒腐蚀的身体让他这头青兕变得有心无力。

半世颠沛流离，辛弃疾站在命运的渡口，早已分不清来时的方向。在带湖的无限风光里，北上伐金，重回故土的梦想也恍如隔世，一如喝入愁肠的白酒，辛辣无比。

悲愤之余，他只得将所有的愁绪化作杯中的美酒，一饮而尽。有人曾说，世间最有魅力的两样东西是时间和文字，时间深邃难测，令人欢喜也令人哀愁，文字虽有边界，却可以描绘时间的真实样貌。

辛弃疾也喜欢将生活的幸福欢喜、落寞清寂藏匿在笔下的词句里，日渐无痕。任冬去春来，花开花落，任凭空虚如何猖狂，他只想在自己的词章中跋山涉水，踽踽而行。

有时候，零零落落的几行文字便足以让起伏不定的心绪平和下来。有时候，半生如影随形的孤独，也能让平静已久的心海汹涌澎湃。一个人愁苦得太久了，生命就失去了应有的感知。

少年不识愁滋味，爱上层楼。爱上层楼，为赋新词强说愁。

而今识尽愁滋味，欲说还休。欲说还休，却道天凉好个秋。

有人说，古来文人愁苦的本质可分为两类。一类是佯装深沉的外壳，是“以愁为工”的追随者。他们将千愁万绪当作诗词文章的调味料，从忧伤中寻找创作的灵感。另一类的愁苦，则是久经风雨的积淀，是字里行间无须渲染的真情实感。

此两类愁苦，也并非分属不同的两类人，也可是同一个人的不同人生阶段。

少年时的光阴，总是那般美好。那时的辛弃疾喜欢在江阴的风雨里找寻愁红惨绿的情感，兴致来时，还会发出诸于“无处说，闲愁极”之类的人生感慨。那时的他即使比旁人入世早很多，也未必真的懂得何谓忧愁。就连他自己也说：“少年不识愁滋味，爱上层楼。爱上层楼，为赋新词强说愁。”

年少的孤独，大多是自己为自己设置的。那时的少年总以为，独来独往，是人群中最特殊的存在。确是如此，这世上绝大部分人在人生的某个阶段里，总希望自己那个独特的存在。

年少时的梦想很大，心里却更容易满足。一朵花开在心间就是整个季节，一片树叶飘落，便是金黄色的欢乐。所谓愁苦，只是佯装忧伤的面具。

然而，当人们在世间流离半生，趟过生活的泥泞之后，几句脱口而出的感慨，反倒有一种难以言说的沉重。这时候再上层楼，不是为了寻愁，而是为了避愁。一如辛弃疾在《鹧鸪天》中所云："欲上高楼去避愁，愁还随我上高楼。经行几处江山改，多少亲朋尽白头。"

大多时候，人世间的零落，都是带着忧伤的。生命如同一粒种子，在贫瘠或富饶的土地生根发芽，长叶抽枝，而后盛开一树姹紫嫣红。等到春光老尽之时，则难以逃避零落成泥的命运。人类莫不如此，等到我们尝尽一生滋味之时，也只能默默离场。

如人饮水，冷暖自知。大自然的风物能赋予我们看待世事的新的视角。漆黑的夜，荒芜的路，都是我们重新出发时选择的高度。

闲居带湖时，辛弃疾时常行走于博山道中，寻找心灵的平静。谙尽世情之后，他才知道尽管此时他已经"识尽愁滋味"，却想说也无法说出。等到真正说出口时，却只道："天凉好个秋。"

周国平先生评价词人的这首《丑奴儿》时说道："只是到了真正饱经沧桑之后，我们才明白，人生的小烦恼是不值得说的，大痛苦又是不可说的。我们把痛苦当作人生本质的一个组成部分接受下来，带着它继续生活。如果一定要说，我们就说点别的，比如天气。‘却道天凉好个秋’——这个结尾意味深长，是不可说之说，是辛酸的幽默。”

重语轻说，只会令读者更加体会到词人暗藏心底的莫大忧愁。

词人是心怀天下的勇士，然而时代却没有给予他大展拳脚的机会。带湖的春花秋月想要挽留他，然而他却活不出竹林七贤当年的风采。自始而终，他眼里有红尘，心中有羁绊。

这羁绊是随着流水光阴一起生长的，如同他当年在居第的墙角中的藤蔓。起初的时候，不过错落的几根，随着时日的积累，便一寸寸变长变多。终于有一天房屋也开始承受不住藤蔓的力量。词人纵然想去修理，却还是剪不断，理还乱。

哲人说，人们心中逐渐老去的孤独，是来自生命深处的情感。然而心中的欢喜，却是最自然地流露。

辛弃疾在带湖隐于酒乡，心中除了忧愁，也应会有欢喜的时候罢。不然他又怎么会吟咏出“大儿锄豆溪东，中儿正织鸡笼，最喜小儿无赖，溪头卧剥莲蓬”的悠然清句。

我总觉得，每个生命里都蕴藏着无数的忧伤和哀愁，但也盛装着巨大的快乐和幸福。

第五章

投闲置散醉何如

乱世里的生活，恍如一场狼狈的流亡。

少年时的梦想，就像天边偶然划过的流星。临安新帝即位，好似点点星火，瞬间点燃了辛弃疾北上伐金的梦想。历史的洪流汹涌澎湃，转而又将他心中的一线希望霎时扑灭。

从此，稻花香里说丰年，听取蛙声一片。

位卑未敢忘忧国

醉里挑灯看剑，梦回吹角连营。八百里分麾下炙，五十弦翻塞外声。沙场秋点兵。

马作的卢飞快，弓如霹雳弦惊。了却君王天下事，赢得生前身后名。可怜白发生！

——《破阵子》

这世上总有一些人，位卑如草芥，却活得比树还要高大。

乱世出英雄，往往处在江湖之远的人比身居庙堂之高的人更容易流传千古。他们或许没有魁梧的身姿，显赫的地位，却义不容辞地将天下装进自己的胸膛。他们无视来自那些奸佞小人的嘲讽和排挤，在历史的荒原里，只顾守着自己的本心，孤傲得像一块丰碑。

晚唐时，诗圣杜甫落魄流离至锦城的江郊南村，只能居住在一间破败的茅草屋内。卧床病榻时，他也未曾忘记久经“安史之乱”之苦的天下寒士，用尽全身气力，为那些漂泊之客大声疾呼：“安得广厦千万间，大庇天下寒士俱欢颜！风雨不动安如山。”

秋风怒号，风雨欲来，吹走了杜甫屋上的茅草，却不能夺去他作为一个文人的风骨。

岳阳楼上，洞庭湖边，范仲淹登上高楼，极目远望。一阵轻风穿楼而过，拂起他鬓角的白发。遭受贬谪之后，他只能远在山野湖畔，登楼歌罢！尽管如此，他亦没有放下一颗忧国忧民的赤子之心，直言自己：“不以物喜，不以己悲；居庙堂之高则忧其民；处江湖之远则忧其君。”

北风劲吹，湖水荡漾，范仲淹终是在岳阳楼的一隅，留下了斑驳的身影。薄暮冥冥，虎啸猿啼，是他对命运的怒吼。

在与时间和时代的对抗中，陆游与辛弃疾一样，一生致力于收复大宋山河。在英雄这条路上，他走得勇敢又决绝，负了沈园的唐婉也负了高堂上的父母。匆匆几十载，他终是没有等到南宋收复中原的那天到来。弥留之际，仍不忘提醒后人：“王师北定中原日，家祭无忘告乃翁。”

沈园荒芜，枯木难生，遗留的是唐婉绵绵不休的伤心事。陆游虽用生命和鲜血谱写了一支支传唱千年的英雄赞歌，却错过了携手一生的佳人。非怪彼此有缘无分，而是这乱世太多风雨。

上下五千年的华夏历史中，他们是当之无愧的勇士，以蝼蚁之身抵挡令国家覆灭的滔天巨浪，纵使葬身大海也义无反顾，甘愿投身进那冰冷的时代里安如磐石。

同样，辛弃疾顶天立地，气如山河，又怎会真的愿意停下逐梦的步伐。就算会被金军的铁骑碾得粉身碎骨，他仍然希望南宋能挥师北伐，收复失地。

带湖的风景只是他休养生息的驿站，农桑事毕时，他也时常擦拭靠在书案旁边的青锋剑。立于风景之上，他一直在观望着南宋时局，只为等待下一个拔剑出鞘的机会。

辛弃疾罢居上饶六七年，回头看时，除了无风无浪的日子，剩下的也不过是一张画卷。平静的生活在普通人眼里的确是一种温暖的幸福，可于辛弃疾来说，却如一潭死水了无生气。

纵然带湖的春花秋月，夏蝉冬雪，在他的画纸上增添了几分颜色，但诗情画意的山水终究少了跌宕起伏的故事情节。在昏暗的乱世里，人们疲于奔命，辛弃疾的这幅山水画卷无人欣赏，心中难免感到落寞。

清淡无味的生活里，他始终等待着浓墨重彩的一笔，为他的画卷渲染出新的活力。而好友陈亮的到访，令他如沐春风，仿佛瞬间唤醒了久沉心底的夙愿。

陈亮，字同甫，时人称其为龙川先生，道他“为人才气超迈，喜谈兵，议论风生，下笔数千言立就”。他和辛弃疾之间的情谊，丝毫不比辛弃疾与叶衡之间的少。他们二人为友，倒是有一段传世典故。

据说当时辛弃疾奉表南归时，陈亮因仰慕他的英名特去辛府拜访，不料那天天空突然飘起大雪，导致路滑难行。等到陈亮即将到达辛弃疾居所之地时，胯下的马儿却因害怕渡河而止步不前，于是情急之下他便纵身下马，在风雪之中徒步向辛府走去。

恰恰此种情景被在家中赏雪的辛弃疾看到，稼轩心中正生出一种“可怜扰扰雪中人，饥饱终同寓一尘”的感叹，却发现雪中之人是要来自己的家中。

陈亮亦是主战派名仕，一生念念不忘收复中原。他欣赏辛弃疾的雄韬伟略，丝毫不介意他归正人的身份。两个才气相若，气节相同的人相见，未免给人产生一种惺惺相惜之感。

那一年已是数十年之前，两人在冬日的辛府里煮酒论英雄，畅谈天下局势，结为至交好友。

古来男人间的情谊不同于女人之间的柔情，他们潇洒忠义，坦率真诚。有时只需一杯酒，便能结成一生好友。

后来，他们凭借鸿雁捎信，互诉雄心。尽管笔墨锋芒均有所指，丹青翰墨各有恢弘，但终究不如亲自见面聊得尽兴。

二人再相见时，十年已过，两鬓均已斑白。然而亦有不变的，譬如他们在吃茶叱咤风流时，虽然深感身份卑微，心中却依旧如当年一般燃烧着收复山河的豪情壮志。

只叹世间所有的相聚之后，都不得不离别。一时的聚首，只会让原本无浪无风的日子变得汹涌澎湃。辛弃疾与陈亮畅谈数日之后，更加深刻地认识到带湖的生活虽然安稳，但平静的背后却是梦想的搁浅。

陈同甫的到访之于辛弃疾来说，就好似带湖周围乍泄的春光，令岑寂的山谷瞬间开满热血沸腾的鲜花。火红的花骨朵像极了当年辛弃疾在战场上流下的热血，现在只需一滴，便能重新焐热他的理想。

病骨残生已是人生暮色，但那又何妨。年龄或是梦想的绊脚石，但前方一定不会无路可走。曹孟德在《龟虽寿》中有云："老骥伏枥，志在千里；烈士暮年，壮心不已。盈缩之期，不但在天；养怡之福，可得永年。"

辛弃疾虽身在带湖，位卑病骨，但泣涕忧思的尽是家国事。

醉里挑灯看剑，梦回吹角连营。八百里分麾下炙，五十弦翻塞外声。沙场秋点兵。

马作的卢飞快，弓如霹雳弦惊。了却君王天下事，赢得生前身后名。可怜白发生！

随遇而安纵然不失为一种逃避乱世的处世哲学，但终究不如激流勇进来得振奋人心。如若每个人在昏暗的国家面前都选择妥协，那么南宋永远也看不到胜利的曙光。

不是乱世中的英明君主很少，而是国家岌岌可危时，人们容易慌了神。这时候总有奸佞小人登上历史的舞台，霸占了属于真正英雄的位置。龙椅上的天子更加喜爱听到悦耳动听的话语，以期稳固人心，而对那些逆耳的忠言付之一炬，生生将真正的有能之士挤到舞台的边缘。

辛弃疾一生正义凛然，刚正不阿，自是躲避不了这样的命运。他选择了清醒，一生主张抗金北伐，便注定要遭受来自占据朝堂大半的主和派的排挤与打压。偏偏是他明明知道自己很难站到舞台中央，却依然在追梦的道路上坚强地行走。

年少的时候，他喜欢登高望远，指炼山河，将“先天下之忧而忧，后天下之乐而乐”视为己任。然而长大以后，当他真的看到支离破碎的国家时，却是无能为力。他梦想上阵杀敌，无奈真的只能在梦里。

他时常将青锋剑拿在手里把玩，兴致来时，便一遍遍将其擦得锃亮。剑气逼人，如若用来斩杀金贼一定无人阻挡。然而就是祖父赠予他的这样一把好剑，却一直没有出鞘的机会。退隐山林的日子里，他只能“醉里挑灯看剑，梦回吹角连营”。

现实与梦想总是隔着山遥水远的距离，然而现实与梦境只是睁眼闭眼的距离，他仍是穷尽一生也未能跨越过去。许是梦想和梦境都太过虚幻，才令他如此为难。

梦中是他现实里竭力想要抵达的地方。栖居带湖的时日里，他只有在醉梦中才能攀上理想的巅峰。只有在梦中他才能看到南宋的百万将士点兵北上，分布于各个要塞。

“八百里分麾下炙，五十弦翻塞外声。”淮河河畔，各个军营里接连不断地响起号角之声。那南宋将士刚刚取得了巨大的胜利。雄赳赳气昂昂的军乐激荡人心，将士们围坐一团大口喝酒大口吃肉，好不快哉。

秋天，是征战的绝佳时机。古来有“秋后算账”“秋后处斩”的说法。许是秋天本有一种肃杀之气，能激起将士们保家卫国的热血。许是秋天是收获的季节，能助辛弃疾“了却君王天下事，赢得生前身后名”。

梦里却是热闹，如果词人就在此处搁笔，这首《破阵子》则真正是一曲能鼓舞士气的豪词。奈何贫瘠的南宋长不出健康茁壮的参天大树，词人一觉醒来，却发现头上又多了几缕白发。

南宋被逼迫立于悬崖边上摇摇欲坠，辛弃疾的壮志雄心不知何时才能实现。南归三十余年，他看惯了人生潮起潮落，依旧不肯放弃做梦。殊不知，梦里越是热闹，现实中就越是落寞。

著名学者梁衡曾说：“我敢大胆说一句，这首词除了武圣岳飞的《满江红》可与之媲美外，在中国上下五千年的文人堆里，再难找出第二首这样有金戈之声的力作。”国学大师王国维也认为，沙场里最美的句子，就是“醉里挑灯看剑，梦回吹角连营”。

后人的评价和辛弃疾已没有多大关系，他纵笔挥毫不过是为了让临安府的南宋王庭看到，带湖居第，还有一个白发苍苍的老人，在默默等待朝廷的传唤。

贫瘠的时代当真是英雄的末路，然而正是如辛弃疾一般的末路英雄，才能走进史学家的笔端书卷。时隔千年，历史始终是公正的，那些英雄虽然远去，但他们遗留下的词章，依旧能够时时叩响人们的心扉，悸动一夏。

从来难觅是知音

老大那堪说。似而今、元龙臭味，孟公瓜葛。我病君来高歌饮，惊散楼头飞雪。笑富贵千钧如发。硬语盘空谁来听？记当时、只有西窗月。重进酒，换鸣瑟。

事无两样人心别。问渠侬：神州毕竟，几番离合？汗血盐车无人顾，千里空收骏骨。正目断关河路绝。我最怜君中宵舞，道“男儿到死心如铁”。看试手，补天裂。

——《贺新郎》

人生来即孤独，纵使生命旅途中会遇见许多不同的人，有的沉默寡言却是志同道合，有的舌灿莲花却是冤家路窄。有人陪伴固然是人生一大幸事，但路漫漫其修远兮，亲人和朋友就如过河需洒下的石子，夜行时路旁的明灯。过河之后，石子在身后，天亮以后，灯火会熄灭。没有谁能真正陪伴一个人走到最后。

辛弃疾正是懂得这个道理，才更加珍惜人与人之间稀薄的缘分。他这一生知交不过三三两两，几经零落。逝去的叶衡，别去的陈同甫，还有潜修理学的朱熹，都是他毕生的好友。

陈亮亲到带湖时，辛弃疾已年过半百。长期的诗酒生活，令他的身体不堪重负。但即使辛弃疾罹患小疾，为了陪伴故友，依旧带病前往。带湖周边的山水风物记录了他们二人游玩的足迹，虫鱼鸟兽将他们的高谈阔论一一保存进耳朵里。

人生得一知己，前方的路纵然再崎岖，辛弃疾也走得不亦乐乎。

陈亮在带湖居第流连了数十日，等不来朱熹的到访，便即挥手而去。告别时，辛弃疾尚未觉得心有不舍，毕竟英雄豪气，本不该拘泥于离愁别绪。大抵是被带湖的山水滋养久了，一颗刚强的心也有了柔软的情意。陈亮去后，辛弃疾倍感不舍，是以次日便策马前去追赶，以期挽留住友人。不料越往前走雪越深路越滑，寸步难行之下，辛弃疾只好颓然而返。

回到家中，辛弃疾时常想起二人在湖上长亭里饮酒作诗，谈笑高歌的场景，如同一张张清晰的画卷在辛弃疾的脑海里铺陈开来。尤其是谈论国家大事时，二人是何等慷慨激昂，豪情万丈。只是不管此前有何种美好，都随着友人的离去一切成空。

培根曾言：“缺乏真正的朋友是最纯粹最可怜的孤独；没有知音则斯世不过是一片片荒野。”然而古人也说，从来难觅是知音。

人从一出生开始就在寻找志同道合的知己。殊不知，高山流水，知音难觅，终是有些人穷尽一生也未能找到三两个知心的人。而也有幸运的，譬如伯牙之于钟子期，陈亮之于辛弃疾。寻见之后彼此不言，心中却是风清月朗，二人皆以“斯世当以同怀视之”的处世态度对待这份难得的际遇。即使知道彼此会在后来的日子里走散，也要风雨同舟相伴一程。

有时候即使是势不两立的情形地，也丝毫不妨碍站在对立面的两个人成为知音，譬如战国时期的陆抗和羊祜。陆抗是吴国的将领，镇守荆州，羊祜是魏国的将领，在襄阳为官。二人虽出生于不同的国家，却是惺惺相惜的好友。

陆抗生病时，羊祜即派人送药来。陆抗部下将领曾劝其不要吃，陆抗却说：“岂有鸩人羊叔子哉，汝众人勿疑。”于是一饮而下，不久后沉珂痊愈。羊祜爱饮酒，陆抗便亲自酿酒送给羊祜，羊祜部下担心酒中有毒，唯恐有诈。羊祜却说：“抗非毒人者也，不必疑虑。”竟然倾壶饮之。日月同辉，磊落情怀，这便是知音。

意有所至，心也同住。真正知己之间的情谊无须猜测，因为彼此就是对方最欣赏也最信任的人。

辛弃疾和陈亮之间也是如此。因为知晓对方心中都有未竟的执念，才更加珍惜这来之不易的情谊。所谓两个冰冷的人同在一处，纵然不能相互取暖，却甘愿一起消融。这也是辛弃疾在陈亮离开之后，还曾策马追赶的缘故。

乱世荒蛮，一个人在一程山水中行走总是过于孤寂。于辛弃疾而言，陈亮即是重新燃起他热血雄心的火焰。滚烫的梦想落在笔下，便是一首首醇香千年的词章。

老大那堪说。似而今、元龙臭味，孟公瓜葛。我病君来高歌饮，惊散楼头飞雪。笑富贵千钧如发。硬语盘空谁来听？记当时、只有西窗月。重进酒，换鸣瑟。

事无两样人心别。问渠侬：神州毕竟，几番离合？汗血盐车无人顾，千里空收骏骨。正目断关河路绝。我最怜君中宵舞，道“男儿到死心如铁”。看试手，补天裂。

有人说，青春一经典当，旋即永不再赎。那些曾试图以青春、生命和信仰来效忠衰败国家的人，终会随着国家的覆灭，一同跌落悬崖。非怪这些勇士即使预知到自己的结局仍然奋不顾身，他们只是对这片曾真实滋养过自家祖上千年百年的土地爱得深沉。就像今天，我们也总是自豪地称自己为炎黄子孙、华夏子民。

许是时间走得过快，才让辛弃疾觉得带湖的小桥流水，秀色山川是另一个世间。这里的风景不能排遣罢官带给他的悲愤与愁苦，却令他渐渐遗忘了年少时的风发意气和飒爽英姿。

时间是一种距离，衡量着一个人从生到死的长度。当曾经那个攀登危楼，慷慨高歌的少年公子，变成如今这个鬓发苍白的老人时，心境已经有太多的变化。昔日乱剑斩竹叶的惊喜，不过今日默然一瞥。

如若不是陈亮的到访，辛弃疾那不堪言说的愁苦，也只能沉醉在一坛坛清酒里。好在“似而今、元龙臭味，孟公瓜葛”，满腔愁苦瞬间找到了倾诉的对象。

年少时的好友聚到一起，脑海里难免浮现出许多沉寂已久的记忆。故而辛弃疾与陈亮相聚时，也定会勾勒出一幅“老夫聊发少年狂”的画卷。

词人先说自己与陈亮乃是如陈登与陈遵一般的臭味相投者，后又说“我病君来高歌饮，惊散楼头飞雪”，直言是陈亮的到访令自家蓬荜生辉，不仅给词人带来欢喜，还驱散了楼头上飞雪的寒意。

温情中自带潇洒，戏谑里尽是真情。大开大合至此，却不失跌宕有致情节，除却东坡先生，怕也只有辛弃疾一人了吧。

我们把缄默少言当成一个人的品质，却对高谈阔论褒贬不一。所以有些谈论时局的话说出口，也许我们旁边并没有听。故而辛弃疾才说：“笑富贵千钧如发。硬语盘空谁来听？记当时、只有西窗月。”

可笑的是世间的功名富贵，在大多数心中重如千钧，而那些针砭时弊的真知灼见，却无人理会。富贵功名在词人和陈亮眼里不过轻如鸿毛，然而年少在西窗下对饮时说过的豪言壮语，却一直印刻在彼此的心间。

词人只叹这些鞭笞时代的硬语没有为宋廷接纳，却是被夜空中那轮照尽人世沧桑，却依旧不问世事的孤月看了笑话。

“事无两样人心别。问渠侬：神州毕竟，几番离合？”当初年少，不知世事艰难，尚能说出波澜壮阔的豪言壮语，而今国家大事依旧如故，可人心却大为消沉，词人只能无奈地发问，北方的神州大地还要被金人主宰多久？

变化的脸庞的纹路和头上的青丝，不变的是辛弃疾收复中原，重整山河的热血雄心。只恨当局者被暂时的平静迷惑了双眼，只恨宋廷懦弱，“汗血盐车无人顾，千里空收骏骨”。

词人和友人站在高岗上极目远望，只见神州陆沉，金瓯半缺，汗血良马拖着笨重的盐车时无人顾惜，最终却还要去千里之外用重金收买骏马的骸骨。到底是温柔醉人的江南水乡，酥了人们的筋骨，销了人们的灵魂。

怕是只要金军的铁骑没有踏破临安府的城门，坐在延和殿的南宋朝臣们都可安然地斟满酒杯，兀自以为这是一个歌舞升平的时代，却不见大厦将倾，关河路绝。

独自清醒的人，注定要承受一份远胜于常人的孤寂。然而最令人窒息的不是自己战胜不了这份清醒的孤独，而是用尽全力之后，依然叫不醒一个装睡的王朝。

好在身边还有一个知他喜乐，懂他伤悲的陈亮。这样醒透的语言，辛弃疾也只有在他最为信任的朋友面前，才能尽情吐露了。也是因为只有陈亮，才能与他一起感同身受，体会这文字背后的艰难和决心。

词人道："我最怜君中宵舞，道'男儿到死心如铁'。"河山秀美，他却唯独钦羡于陈亮闻鸡起舞的壮烈情怀。诚然这句说的亦是他自己，即使身在病中，但那抗金北伐的决心依旧如同钢铁一般坚定，从未更改。这是作为一个男子汉大丈夫应有的情怀，亦是这个倾颓的国家最后的希望。

阴影的背后，一定是光亮。辛弃疾的背后，还有陈同甫。这一刻，他深感自己太过幸运，不必向古人一样"凭栏问风，天涯海角觅知音"，只需与友人一起在这风雨欲来的时代里"看试手，补天裂"。

衣莫若新，人莫若故。青山不老，知音常在。

出山旋即归耕去

一水西来，千丈晴虹，十里翠屏。喜草堂经岁，重来杜老，斜川好景，不负渊明。老鹤高飞，一枝投宿，长笑蜗牛戴屋行。平章了，待十分佳处，著个茅亭。

青山意气峥嵘。似为我归来妩媚生。解频教花鸟，前歌后舞，更催云水，暮送朝迎。酒圣诗豪，可能无势，我乃而今驾驭卿。清溪上，被山灵却笑，白发归耕。

——《沁园春》

仕途好比人生，起落沉浮，从来没有定数。为官一途向来便有昨是今非之感，也许昨天还身居高位，今日却已跌入泥沼，抑或此前还是一贫如洗的布衣，现在却是春风得意的马前蹄。命运的转折，往往只在于周遭环境中的某一元素发生了转变。

于辛弃疾而言，这一改变人生际遇的元素，便是临安府朝堂上的皇位更替。淳熙十六年二月，宋孝宗赵昚禅位于宋光宗赵惇，改元绍熙。

历史上的宋孝宗无疑是个有心无力的皇帝，尤其是早年宋高宗驾崩之后，他深感收复北方山河已是无望，故而此后对政事感到无奈疲乏，遂有禅位一事。

没有一个君王不愿意在自己当政时看到政治清明，文化昌盛，社会稳定的局面，然而倾颓覆灭已是历史大势，强行的逆转终究只是结局前的无力挣扎。历史是千秋万代，然而被人性肆虐的王朝却不能永久绵长。谁能说宋孝宗退位的背后，不是时代赋予的荒凉与无奈。

大多数在静待结果时只能深感无奈的人，或许都曾做过一些努力。这一点不可否认，正如后人也赞宋孝宗：“卓然为南渡诸帝之称首。”只是中兴之路着实难走，疲乏的状态只会加剧国家的覆灭，他必须将其交给下一个能担大任的帝王。

然则，这个能当大任的帝王宋光宗或许于辛弃疾的仕途是一滴甘露，但在史学家眼里，他俨然为宋朝所有皇帝中最为平庸的一位。虽不说登基时已是不惑之年，体衰多病如他，以致后期根本无心朝政。

登上权力巅峰的人不必再向上看，而是会环视四周或俯视下方。时间久了，手中的权力会渐渐泯灭温厚纯良的美德，而手下的人也不再愿意说真话，因为那些真正敢于针砭时弊的人早已被他挤到权力的边缘。终是高处不胜寒，若是帝王没有一颗玲珑之心，稍有不慎，便会将国家推入深渊。

常话说，新官上任三把火。即使宋光宗在史册上没有太大的成就，但在即位之初时的执政风格也堪为雷厉风行。他上台之后，在仅仅三个月的时间内，就罢免了在朝中居要职数十年的左丞相周必大，后将留正提拔为左丞相，将王蔺提为枢密使。

留正早年时曾与辛弃疾相识，皆为主战一派的大英雄。在这般光景之中，退隐带湖的稼轩先生似乎看到了南宋中兴的希望。果不其然，这年冬天，他所盼望的出仕之机终于来临。辛弃疾应召入朝，出任福建提点刑狱。

十年闲居带湖，辛弃疾早已于潜移默化中，对这里的一山一水，一亭一阁产生了感情。毕竟大多时候，只有这里的四时美景和从不离身的美酒理解他退隐的无奈。出仕报国是辛弃疾一生的夙愿，只要宋廷一声传唤，即使是刀山火海他也甘愿往里跳。

况且这次出山亦有不得不出的理由。福建当地常年受盗贼侵扰，其猖狂肆虐的程度就连当地官兵也难以镇压。而此前辛弃疾为官时曾帮助南宋镇压多地内乱，留正怜惜辛弃疾的军事才能，便向光宗极力推荐辛弃疾前去平乱。

闲居带湖期间，辛弃疾也曾创立书院，研究儒家关于进退的处世哲学。一身正气如他，一直很欣赏为儒家所推崇的“穷则独善其身，达则兼济天下”的思想。因而面对朝廷的传召，他必定是要辞别带湖的一草一木。

理解却不能挽留，是山水的无奈。无奈却只能等待，是辛弃疾的悲哀。好在有才华的人大多不会被时代辜负，他的纵横之道即使不能运用在北伐战场上，也能为平定内乱做些许贡献。

退隐带湖的时光苍老了他的容颜，却没有钝化他的才华。辛弃疾到福建任上不久，恩威并施，治理有道，很快便令福建路变得清平起来了。早年在湖南安抚使任上时，他便恳请天子“深思致盗之由，讲求弭盗之术”。但是朝廷并未重视他的建议，仍是对百姓施以繁刑重赋，以致内乱频频发生。

辛弃疾担忧长此以往，或许还未等及金兵攻破边防，南宋便已土崩瓦解。他深知此时的南宋最应该善待的不是北方的金国，而是不堪重负的百姓。宋廷只有大行惠民措施，才能真正归还一方安定。他将这些，都写在了《论经界钞盐札子》中，只待年底回朝述职时呈给宋光宗。

漫漫人生路，总会经历几场雨雪风霜。辛弃疾深谙人生之道，纵然过去深受“逆耳忠言”之苦，但仍旧没有失去为官的气节。一直以来，他都是那个“不恨古人吾不见，恨古人不见吾狂耳”的辛弃疾。满腹承载文韬武略，非怪他自拥一身狂气。

朝廷之上，辛弃疾勇上《论荆襄上流为东南重地疏》，精锐论述了长江上游军事防御的重要性。这时候的他已入天命之年，谈起国家大事却还句句铿锵。

到底是夜空里的那颗北极星从未失明，令他藏匿多年的北伐梦想没有失去指引。不论后来宋光宗是否采纳他的奏疏，这一次他都要将暗藏心底多年的北伐大计，在延和殿上娓娓道来。

自宇宙开荒以来，那种对于土地和血缘的眷恋感，对家国的守护和礼赞，便深深根植于人们心间。那是一种永恒的乡愁意识，也是萦绕在华夏子民心头的诗意。《孟子·公孙丑上》篇有云：“虽千万人，吾往矣。”用此句来诠释辛弃疾苦苦追寻的人生理想，再适合不过。

阻碍再大也阻止不了他为民请命的步伐。那年冬天，光宗并未采纳辛弃疾所奏的“居安思危”的谏言，却同意了他在《论经界钞盐札子》中的论断。于辛弃疾而言，此去临安也不算无功而返。回到福建后，他便立即着手除弊兴利的惠民措施。

许多年来，这里的百姓人心涣散，各为己私。百姓变作盗贼，一次次从这片土地里打捞石块和沙土，却忘记了本可以在这片土地上建立一座宫殿。

当局者迷，旁观者清，辛弃疾几经出世再入世，早已看清了这乱世的格局，却仍旧放不下心中的执念。诚然，之于福建子民的生计，他是旁观者，而关于挥师北伐的梦想，却是当局者。如若暴风雨来得不足以猛烈，确是难以真正令一个执念太深的人清醒过来。

一水西来，千丈晴虹，十里翠屏。喜草堂经岁，重来杜老，斜川好景，不负渊明。老鹤高飞，一枝投宿，长笑蜗牛戴屋行。平章了，待十分佳处，著个茅亭。

青山意气峥嵘。似为我归来妩媚生。解频教花鸟，前歌后舞，更催云水，暮送朝迎。酒圣诗豪，可能无势，我乃而今驾驭卿。清溪上，被山灵却笑，白发归耕。

年迈的梦想，好似悄悄在夜间绽放的一株昙花，还未等到天亮看一看黎明的曙光，便已默默零落。

辛弃疾在福建任上未足三年，就被台谏黄艾以“残酷贪饕，奸赃狼藉”的罪名弹劾。辛弃疾百口莫辩，因为此时的宋廷再度易主，临安朝政已被佞臣赵汝愚和韩侂胄把持。宋宁宗赵扩虽龙袍加身，却不过是被权臣摆布的傀儡皇帝。君主懦弱，奸臣弄权，直接加剧了一个国家乃至一个时代的衰竭。辛弃疾作为主战一派，自是免不了被罢官的命运。

达达的马蹄掀起一地尘埃，默默在空气里沉淀。浑浊的天空下，只看到辛弃疾纵马而过的身影。从哪里来，再回哪里去。出走一圈，即使踮起脚尖，他还是未能触及栖息在朝堂之上的梦想。

山洪激荡势如千军万马奔腾而来，但在遇见峡谷阻挡时也不得不有所收敛。辛弃疾亦是如此，一再向宋廷吐露自己奔赴战场收复失地的愿望，却又一再被罢免。然而不论此间有多少遗憾，上饶的山水已在向这个落寞的词人热情地招手。

“一水西来，千丈晴虹，十里翠屏。”上饶地处江南，自古便是一个跋山涉水的地方，风景之美自不必说。山水有情，万古长宁，能使人于一场匆匆落叶里看见自己从前的影子，从而不再执着。

这里曾是辛弃疾久居十年的地方，如今再度归来，除了收获些许落寞与伤感，并无其他。出走一圈他才发现，原来还是此处的山水最为动人。

一条溪水自西面而来，经久不息，万里晴空下似能映射出千丈长虹。十里青山犹如翠屏，能抵挡纷扰的世事，也可助词人守得内心安然。

在稼轩茅斋旁边，辛弃疾又修建了一间草堂。许是再度归隐，他总觉得需要添置些新的东西，哪怕是再开一块菜地，修缮一条小径，都能坚定他毅然转身的决心。他直言自己是如杜甫一样的爱国诗人，几度出山又凄然回归，最终发现只有山水田园从未辜负最初的心意。

况且上饶此地，有山有水风光无限，也算是不负热爱山水的陶渊明了。此次重回上饶，辛弃疾的心境更为平静，亦无所奢求。他将自己比作高飞的老鹤，只要有一条可以栖息的树枝便已满足。

天地之大，只要心中安定，在哪里都可以安家。茅屋建成后，辛弃疾还不忘给自己寻个诗意的地方，激发创作的灵感。他告诉世人，等到“平章了”，他定要觅个“十分佳处，著个茅亭”。从此，有山有水有风景，有酒有诗有文章。

“青山意气峥嵘。似为我归来妩媚生。”挺拔险峻的青山，气势磅礴，一片生机，像是为了欢迎词人归来，特意表现出妩媚可爱的姿态。此刻，历史的沉浮、朝代的更迭、国家的兴衰在词人眼中都比不上眼前的山水更为美丽动人。

他是这山水的主人，忧愁时他可以“解频教花鸟，前歌后舞”，欢喜时也可“催云水，暮送朝迎”。五十载的凄风苦雨早已令辛弃疾参透了世事，当前途一片死寂时，他更愿意纵情山水间，做一名“酒圣诗豪”，可能失去了官场上的权势，但心中仍然有一份对山水的敬畏。

清溪上辛弃疾立于河畔，手里托着一坛青梅酒，将眼前的美景尽数收容进眼中。兴致来时便饮上几口。一杯敬高山，一杯敬流水，一杯敬“白发归耕”的自己。

纵观古今思进退

一丘壑。老子风流占却。茅檐上、松月桂云，脉脉石泉逗山脚。寻思前事错。恼杀晨猿夜鹤。终须是、邓禹辈人，锦绣麻霞坐黄阁。

长歌自深酌。看天阔鸢飞，渊静鱼跃。西风黄菊芗喷薄。怅日暮云合，佳人何处，纫兰结佩带杜若。入江海曾约。

遇合。事难托。莫系磬门前，荷蒉人过，仰天大笑冠簪落。待说与穷达，不须疑著。古来贤者，进亦乐，退亦乐。

——《兰陵王》

进与退的处世哲学一直是古今文人钻研的不变话题。在人生的各种际遇面前，有人认为有志者，事竟成，志不立，则天下无可成之事。有人认为海纳百川，有容乃大，心胸广宽的人必定得道多助。有人认为锲而不舍，金石可镂，想要有多成就，必须激流勇进。有人则认为修身养性才是人生第一要事，只有忍气静心，才能平息纷争。

处世有方，进退亦有道。大多数人在人生的道路上，时时刻刻都在奋力前进，但许多时候求胜心切只会迷失双眼，令自己陷入进退维谷的境遇中。古语有云："与其临渊羡鱼，不如退而结网。"把握进与退之间的度，或是找到一个衡量的标尺，确实是值得人们深思的问题。

战国时期，廉颇是赵国有名的良将，他战功赫赫，被拜为上卿。蔺相如"完璧归赵"有功，又在渑池秦赵两王相会的时候维护了赵王的尊严，因而也被提拔为上卿，且官位在廉颇之上。廉颇一介武夫，对赵王的做法很是不服。心中耿耿于怀，于是便四处扬言说："我见相如，必辱之。"

廉颇的这些话传到了蔺相如的耳朵里。此后每次相遇，他都远远躲避。相如的门客很是不解，认为自己的老师只知退让，便都要离开。蔺相如劝说道："夫以秦王之威，而相如廷叱之，辱其群臣，相如虽驽，独畏廉将军哉？顾吾念之，强秦之所以不敢加兵于赵者，徒以吾两人在也。今两虎共斗，其势不俱生。吾所以为此者，以先国家之急而后私仇也。”

蔺相如的这番话也传到了廉颇耳里。廉颇听说后便背着荆条向蔺相如请罪，自言：“鄙贱之人，不知将军宽之至此也。”此后二人便结为了刎颈之交，一文一武，同心协力为国倾力。

人生有进退，浓淡总相宜。在国家大事面前，蔺相如和廉颇皆是进可攻退可守的忠义之士。

杨绛先生说：“我们曾如此渴望命运的波澜，到最后才发现，人生最曼妙的风景竟是内心的淡定与从容。我们曾如此期盼外界的认可，到最后才知道，世界是自己的，与他人毫无关系。我们曾如此计较付出的回报，到最后才懂得，一切得到终将失去，只能空留一抹浮名。”

诚如是，人们对于进退的事情，往往不能轻易看透。辛弃疾再度归隐带湖期间，也时常思考此间的哲学道理。除了关注孔孟之道，还潜心修习老庄渊明的出世之法。他曾说走遍人间，终究归耕田野。或许这一次，他的退隐不是率性而为，而是真正选择了安贫乐道。但谁也难保像他这样总是将家国大事放于心头的人，是否真的会放弃青锋再次出鞘的机会。

总归这一刻，他只想寻求属于自己的一片净土，平静地在上面修篱种菊。尽管往事如流，山下的世界每一天都涛声依旧，他也只想留在这山水间，安然地做他的稼轩先生。

这世上没有走不通的路，只有想不通的人。老子在《道德经》中说：“持而盈之，不如其已；揣而锐之，不可长保。金玉满堂，莫之能守；富贵而骄，自遗其咎。功成身退，天之道也。”人生的轨迹是一条曲线，人们行走其间总会遇见几个拐点。须知处于这些拐点时，进退是得失，得失即是存亡，故而如何平衡进退则是至关重要的人生课题。

春秋时期，范蠡和文仲共同辅佐越王勾践，历经十年卧薪尝胆，最终一举灭吴。越王功成名就即是范蠡功成身退之时，于是他便携西施不辞而别，西出姑苏泛舟而去，后下海经商成巨富。范蠡离开时，曾写信劝告文仲退出，文仲不肯。不久后文仲就被越王赐死。

庄子云：“人生天地之间，若白驹过隙，忽然而已。”人生的长度不过短短几十载，能真正看透功名利禄的人，确实不多。然而人生的高度却是自己堆积起来的，不在于看清了多少事，而在于看轻了多少事。许多时候，有所取舍才有所成就。

辛弃疾许是参透了其间的道理，才写下这首《兰陵王》。

一丘壑。老子风流占却。茅檐上、松月桂云，脉脉石泉逗山脚。寻思前事错。恼杀晨猿夜鹤。终须是、邓禹辈人，锦绣麻霞坐黄阁。

长歌自深酌。看天阔鸢飞，渊静鱼跃。西风黄菊芗喷薄。怅日暮云合，佳人何处，纫兰结佩带杜若。入江海曾约。

遇合。事难托。莫系磬门前，荷蒉人过，仰天大笑冠簪落。待说与穷达，不须疑著。古来贤者，进亦乐，退亦乐。

人之一生，随着周遭环境的改变，心境也随之不同。辛弃疾过去也曾是拂剑朝天去的潇洒少年，带着试手补天裂的豪情，一心想要实现横戈探虎穴的梦想。只是人到晚年，总要接受那些年轻时说出口却未能兑现的豪言壮语。尝遍世间百味后，也需要细细品出“为无为，事无事，味无味”的真味与隽永。

世间豪情之人，执着于勇气和抱负的比比皆是，但很多人如辛弃疾一样，一生汲汲营营，却始终不能抵达心中向往的那个地方。摔得鼻青脸肿或许不是最疼的，但一无所获却是万万不能接受的。

心学大家王阳明曾说：“人须有为己之心，方能克己；

能克己，方能成己。”这是一个渐入佳境的过程，也诠释了为人的一种处世哲学——最难辨别的不是远方，而是眼前，最难看清的不是人和事，而是自己。

在己之所欲面前，或许我们缺少的正是如辛弃疾一般可以低头看的淡泊和从容。退隐带湖后，辛弃疾时常看着这妩媚清幽的山山水水，觉得自己何其有幸，能独自拥有这里山水清欢。那“一丘壑”，被他占却风流，闲来只需静静看着门前的“松月桂云”和“脉脉石泉”在这天地间逗留玩耍。

他说：“寻思前事错。恼杀晨猿夜鹤。终须是、邓禹辈人，锦绣麻霞坐黄阁。”只叹当初错入仕途，才惹来这林间猿鹤的愤恨。功名终须是邓禹之辈的事情，而他就寄身于带湖的山水美景里自斟自饮“看天阔鸢飞，渊静鱼跃”便足矣。

“遇合。事难托。莫系磬门前，荷蒉人过，仰天大笑冠簪落。”君臣之合这种事情自古以来就难有凭托，实在不应该效仿孔子击磬于卫，唯恐不为人知。辛弃疾行走半生才明白在衰微的时代，出仕一途有多难走。

跌跌撞撞几十年，辛弃疾始终是这浑浊的南宋大地上的一棵松树。鹤发松姿，一身凛然正气。即使是在失意时，也不曾放弃他那宁折不弯的高风亮节。辛弃疾退隐山林，未尝不是一种回归和蓄势。

至刚易折断，至柔则无损。辛弃疾在适当的时候效仿古代先贤，毅然转身回到带湖，不过是站在人生拐点上看清了时下的形势。于他而言，进退皆是欢喜，一如他所说："待说与穷达，不须疑著。古来贤者，进亦乐，退亦乐。"

有时候，低头看并不意味着放弃心中承载已久的信念，而是让我们拥有更多的选择和回旋的余地。关于进退的选择，古代先贤如此，辛弃疾亦是如此。

往往是收回来的拳头，在打出去时更有力量。

瓢泉千古一扁舟

日月如磨蚁，万事且浮休。君看檐外江水，滚滚自东流。风雨瓢泉夜半，花草雪楼春到，老子已菟裘。岁晚问无恙，归计橘千头。

梦连环，歌弹铗，赋登楼。黄鸡白酒，君去村社一番秋。长剑倚天谁问，夷甫诸人堪笑，西北有神州。此事君自了，千古一扁舟。

——《水调歌头》

人与一个地方的缘分，说来也不比人与人之间的缘分浅。

带湖之地风月无边，本也是辛弃疾为官时偶然看见的一处风景。当初将此处买下来，他也只是为了在南宋有一处定居之所，如若哪天在官场中受了伤，也能在此处的山水中得到救赎。

冥冥之中，一切如他所愿。被罢官之后，他曾与这里的山水花木相伴了十几年。除了中途两次出山，说这里是他后半生的归宿也不为过。来来去去的过程中，他对带湖的一草一木也渐渐生了情意。

如若不是庆元二年的那场大火，稼轩先生要在此处终老也未可知。不知是从何处飘来的点点星火，让他的带湖居第在一夜之间尽数化为灰烬。他不得不携带全家一起离开带湖，另觅新居。

人们常说，对一个人的情感有多深，在离别的时候最能体现。送别故地亦是如此，人们在临歧分袂时，总能生出许多离愁别绪。

离开这个他生活了十几年的地方，辛弃疾心中自是百感交集。一时间，辛弃疾仿佛看见了当初离开济南故地的那个少年，策马奔腾越过淮河，一经离开就永远回不去。年少的影子在他眼前荡来荡去，瞬间勾起他久藏于心的乡愁。只是那时候，尚且有祖父日夜的期盼和波澜壮阔的梦想，而今身后除了名衔都一空，还有一堆始料未及的灰烬。

稼轩不再，雪楼已空，他必须得再找一处清幽之地，从头来过。

期思瓢泉，山清水秀，确乃一处上佳的归隐之地。辛弃疾在早年游玩寻访时看见此处，便已深深地爱上。后来他千方百计寻到这方土地的主人，低价将此处买了下来。

带湖化为灰烬本不在他的意料之中，当初买下瓢泉也只是想将一方风景占为己有。未曾预料的是，有一天他要举家迁往此处，重新开始生活。或许是一切早有注定，就像得到与失去之间，总保持着一种平衡。

瓢泉之名，取自这里有一泓清冽的泉水。明代高濂曾对瓢泉之水有过这般评价标准：清寒俱佳，甘香俱在。喝入口中，如冰霜绕齿，满怀芳乳。稼轩先生来到此处，一如当初修葺带湖一般经营着瓢泉。

“明月别枝惊鹊，清风半夜鸣蝉。稻花香里说丰年，听取蛙声一片。七八个星天外，两三点雨山前。旧时茅店社林边，路转溪桥忽见。”辛弃疾的这首《西江月》描写的便是在瓢泉的生活场景。

瓢泉此地，山清水秀如此，说是世外桃源也不为过。辛弃疾隐居于此，最难得是能与人民同甘共苦，真正融入到这里的山水人间。

闲来无事之时，辛弃疾时常在晚饭后漫步乡野。月光皎洁如水，掠过凌乱的枯枝倾泻而下，枝头的喜鹊一时不察，竟悉数被惊飞。晚风微凉，飘飘然吹来一阵阵清晰的蝉鸣声，那不是酷热的夏天在告诉词人它即将离去，而是金黄的秋天在和稼轩先生招手。

越往前走，稻花的清香愈加浓重。那是一种比寻常草木还要芬芳的味道，因为承载着乡民们忙碌半载的汗水。村头村尾的农人脸上洋溢着丰收的喜悦，就连耳畔的阵阵蛙声也好似在讨论着丰收的好年景。

词人蓦然一笑，在乡间小径上继续往前行走。夜空中星星闪烁，忽明忽暗，山前突然下起了淅淅沥沥的几点小雨。稼轩先生快步走过溪桥准备寻一处避雨之所。他曾记得过去树林旁有一间茅屋小店，以供过往的行人歇息喝茶的，而今如何不见了？正值疑惑之时，稼轩加快步伐，忽而小径道路转过溪水的源头，茅店便屹立于词人眼前。一种欣喜之情溢于言表。

辛弃疾隐居瓢泉，似乎比居于带湖时有更浓厚的生活气息。不论是乡野的仲夏，还是稻田里的一片蛙声，都让他深深地融入了瓢泉的山水美景里。此处于他，是欣喜，是热爱，是真正的自然。

或许一个人只有静下心来，才能遇见真实的自己。身体与灵魂越来越近，眼前的风景也能由眼入心，呈现最动人的模样。

辛弃疾南归之后，在官场几度沉浮，到了知天命的年纪才懂得选择放下比执着到底收获得更多。

一次，他的友人杨民瞻来瓢泉看望他。辛弃疾便带着他游山观景，把酒言欢。或诗词唱和，或填词写曲，二人纵情于瓢泉的山水间好不快活。史书上对杨民瞻的记载不甚很多，只知道他和辛弃疾的遭遇有所相同。同病相怜，心有戚戚，或许这也是为什么二人能结为朋友的缘故吧。

自古以来，送别之词浩如烟海。除了东坡先生，唯有辛稼轩能在豪气万丈的词句里润物细无声。杨民瞻离开时，辛弃疾和送别其他友人一样，填词作曲以作送答。这一次他化离情为词意，蘸以浓墨，裁作一曲《水调歌头》。

日月如磨蚁，万事且浮休。君看檐外江水，滚滚自东流。风雨瓢泉夜半，花草雪楼春到，老子已菟裘。岁晚问无恙，归计橘千头。

梦连环，歌弹铗，赋登楼。黄鸡白酒，君去村社一番秋。长剑倚天谁问，夷甫诸人堪笑，西北有神州。此事君自了，千古一扁舟。

《陋室铭》中有云：“山不在高，有仙则名。水不在深，有龙则灵。”诚然如是，一株草木因为有了名字，往往会增添几分旖旎的色彩，而瓢泉此地因为有了稼轩先生，在历史上才更加灵动。

自南归以来，或游于宦途，或避世退隐，他总是在这片江南大地辗转来回。他深知如若宋廷一直不起兵北伐，他便永远也没有回去北方故地的机会。所以在江南，他把曾经落脚的地方都称作故乡，瓢泉更是如此。

或许以后某一天，宋廷再次将他召回。他还是会挥一挥手，不带走此地的一片云彩。但等到终老致仕时，或是看倦了方外的风景想要回归时，他仍然可以再次投入到瓢泉的山水里，“解频教花鸟，前歌后舞，更催云水，暮送朝迎”。

瓢泉于他，不仅是山间明月和江上清风，还有一行行隽永豪放的诗行。

山水养人，更养心性。在瓢泉待得久了，辛弃疾看世间万物也变得更加通透。闲来，他的视野不仅仅是举目时看见的青云，低眉时遇见的碧水，还有那浩瀚无穷的宇宙。尤其是他能从宇宙星辰中看出人生百态。

他说：“日月如磨蚁，万事且浮休。”日月之于宇宙，就如磨盘上的蚂蚁，千万年来不停地转动。而从未停止的远不止天上的日月星辰，还有不断重生又不断消亡的世间万物。

“君看檐外江水，滚滚自东流。”且看那屋檐外的江水，滚滚向东而去，流经了千世百世依然如故。而人的一生之于历史长河，不过浮游一瞬。他劝慰杨民瞻不必在意眼前的得失，而应该随遇而安，享受当下的欢乐。所谓今朝有酒今朝醉，明日愁来明日忧，人生即当如此。

辛弃疾一定是感念到藏匿于山水中的清欢，才体会到此间的柔和与广阔。不然单凭这寥寥几字怎能在后世的读者心中生出恒久之光，让人读来久久不能忘怀。

不管是“风雨瓢泉夜半”，还是“花草雪楼春到”，总归是瓢泉的浩渺云烟和万千气象在辛弃疾的眼里有了生命最真实的意义。一句“岁晚问无恙，归计橘千头”，道出了多少隐士的生活模样——躬耕田亩，自食其力，岁月静好，现世安稳。

“长剑倚天谁问，夷甫诸人堪笑，西北有神州。”瓢泉的山水固有一种辽阔的清美，然则这乱世中也有辛弃疾和友人的一丝遗憾。靖康之变已近百年，大宋的失地却还未收复。他的知己陈同甫曾说过：“一日之苟安，数百年之大患也。”

春秋已过几十载，北方之地上发生的故事皆已载入金人的史册。偏安一隅的南宋若再不发兵，难保还有旧宋的子民日日盼着王师北定中原。

稼轩先生的这首《水调歌头》好比一颗洋葱，将其一层层剥开后，我们终会泪流满面。原以为那些以字而聚的词句，是要将瓢泉的山水灵韵定格成永恒。读到最后才发现，辛弃疾卸得下所有的疲累，却从未真正放下抗金北伐的梦想。无奈壮士暮年，隐退山林，辛弃疾只能将抗金复国的希望寄托在友人杨民瞻身上了。

“此事君自了，千古一扁舟。”待到祖国山河恢复，金人驱逐出境，那时候再归隐山林，心中便再无遗憾。

待到那时，才是稼轩先生真正回归自然的时候。袖一袖清风，牧一群诗词，白云岭上，瓢泉山水，自有一种辽阔的清美。

然而流光容易把人抛，辛弃疾到最后也未能等到大宋山河一统的那天。若说是这时代辜负了他，却也没让他见证南宋的灭亡。

许是冥冥之中，万事自有定数。

第六章 起废进用浮生尽

辛弃疾于这世间走一遭，好似一只飘零的雄鹰，飞越万水千山，一生只愿马革裹尸。从落魄走向辉煌，从繁华归于寂灭，他化剑为笔，抽心滴血，以一身凌然傲骨写就传世的千古词章。乱世凶年，他是视死如归的勇士；文海茫茫，他亦是流萤稻香的词坛飞将。

吾力犹能肆汝杯

杯汝来前！老子今朝，点检形骸。甚长年抱渴，咽如焦釜；于今喜睡，气似奔雷。汝说“刘伶，古今达者，醉后何妨死便埋”。浑如此，叹汝于知己，真少恩哉！

更凭歌舞为媒。算合作平居鸩毒猜。况怨无小大，生于所爱；物无美恶，过则为灾。与汝成言，勿留亟退，吾力犹能肆汝杯。杯再拜，道麾之即去，招则须来。

——《沁园春》

自《诗三百》以来，不知有多少文人与酒结下了不解之缘。他们将酒当作知音，入诗入词，成就一篇篇脍炙人口的名篇佳作。千百年来，那些藏在诗词里的独酌与豪饮，皆是我国古典文学中一道绚丽的风景线。正所谓：“一壶浊酒喜相逢，古今多少事，都付笑谈中。”

一杯酒，或清或浊，可以演绎一段人生，也能容下朗朗乾坤。

酒入诗词，更是如此。这诗词的酒，或忧郁，或豪放，或喜极而泣，或缠绵惆怅。此间滋味即是如鱼饮水，冷暖自知。

千年前，曹孟德豪饮杯中物，即作《短歌行》。借酒抒怀，横槊赋诗，其情怀何等豪迈。他说：“对酒当歌，人生几何？譬如朝露，去日苦多。慨当以慷，忧思难忘。何以解忧，唯有杜康。”此酒解忧，解的是孟德思慕贤士与统一天下之忧。

诗仙李白也云：“古来圣贤皆寂寞，惟有饮者留其名。”酒是灵感和情感的催化剂，文人饮酒，更能以普通的意象投射思想的灵光，从而彰显自己的品格与志趣。诚如诗仙所云，他的那篇《将进酒》也卓然为名垂千古的大作，句句经典，沁人心脾。那句“岑夫子，丹丘生，将进酒，杯莫停”是何等豪迈。纵有万古愁云，也如滔滔江水，付诸东流。

酒是烈火燃烧，让灼热的胸怀更加激荡；酒亦是浪漫田园，和着山水美景一同饮下，更是别有一番滋味。陆游在《游山西村》中写道：“莫笑农家腊酒浑，丰年留客足鸡豚。山重水复疑无路，柳暗花明又一村。”虽是农家腊酒，却是淡然素朴。没有山河破碎的国仇家恨，只有柳暗花明的山水田园。细细品来，自有一种“悠然见南山”的自在欢喜。

辛弃疾与陆游没能生在同一个时期，却是生活于同一个乱世。尽管没有亲眼看见“靖康之变”给大宋带来的屈辱，却能感觉到苟安一隅的南宋在江南的歌舞中日益孱弱。虽然退隐田园，但若说他心中对这乱世没有遗憾亦是不能。稼轩爱酒，爱的程度不逊于每一个希望山河统一的爱国志士。

酒入诗词，愁肠百结，是道不尽的惆怅。诚如李清照所云：“三杯两盏淡酒，怎敌他，晚来风急。”世间有太多清愁，绵绵无休，然而酒杯有底，那溢出来的愁绪又将如何安放？

除却如白乐天问刘十九“晚来天欲雪，能饮一杯无”的高雅志趣，大多古人选择与酒相伴，是选择破裂而非重生。当人们回首往事时发现，日子中竟全是斑斓的光影，而在记忆的屏障中也寻不见曾经心动的声音时，那些鸿鹄大志也已渐渐远去。唯有“桃李春风一杯酒”，堪比“江湖夜雨十年灯”。

风起处，当有一杯酒，以尽风流潇洒之兴。风停时，也应有一杯酒肝胆相照，诉说那些难言的苦涩。都说思虑有多深，酒量便有多大，想必辛弃疾对酒的执着，也应了这无法化解的国愁。

杯汝来前！老子今朝，点检形骸。甚长年抱渴，咽如焦釜；于今喜睡，气似奔雷。汝说“刘伶，古今达者，醉后何妨死便埋”。浑如此，叹汝于知己，真少恩哉！

更凭歌舞为媒。算合作平居鸩毒猜。况怨无小大，生于所爱；物无美恶，过则为灾。与汝成言，勿留亟退，吾力犹能肆汝杯。杯再拜，道麾之即去，招则须来。

世间有太多事无法割舍，譬如逝去的亲人，未竟的梦想。人生亦有太多无奈不得不接受，譬如岁月消逝，两鬓霜白。

在一片漆黑的仕途中，辛弃疾放弃了在故乡安稳度日的生活，一生执着于恢复旧宋江山，归还“临安”于“杭州”，重还汴京昔日“八荒争凑，万国咸通”的繁华。然而世态炎凉，梦想也逐渐转凉。到了暮年，他才知晓一往无前的代价，原来是一路舍弃。年少的辛弃疾意气风发，信誓旦旦，却不知策马转身的那一刻，旋即与济南大地天涯永隔。

范仲淹尚且感叹："浊酒一杯家万里，燕然未勒归无计。"辛弃疾却不能轻言半分，抒发思乡的情绪。北方大地俨然是临安府王廷的心头之痛，在当时无疑是敏感词汇。何况辛弃疾一直被宋廷视为"归正人"，便更是不能将思乡之情溢于言表。

在瓢泉的山水里，他与孤星为伴，以冷月为友，将这梦想之殇，思乡之痛，一同融进这清酒之中。然则酒能消愁，亦会伤身。时日久了，身体总会生出各种毛病。此时的辛弃疾已然不似当初那般健壮，饮酒于他，确乃为身心的一种牵绊。

这首《沁园春》便是他戒酒前的宣言。读来或许觉得幽默，却也能隐约见得词句背后难以言说的孤寂与惆怅。

"杯汝来前！老子今朝，点检形骸。"辛弃疾以主人的身份向酒杯发话，让它们尽数来到他面前，说是要整饬自身，不让身体再受到杯中物的侵扰。他直言自己"长年抱渴，咽如焦釜；于今喜睡，气似奔雷"。

辛弃疾常年饮酒，如痴如狂。若一时不喝，直觉口中焦渴，十分难耐。而今又添新病，疏懒嗜睡，一躺下便鼾声如雷。诚然这是嗜酒的典型反应，稼轩用词虽不免夸张，我们却能见微知著，体会到他平日里凶饮的程度。

有人说，喝多少酒，就有多深的惆怅。然而辛弃疾是何等高傲的人，他从未责怪自己贪杯，也不轻言自己有多忧愁，却说是酒杯紧紧跟随于他，不愿离去。杯盏有灵，觉得自己着实冤枉，便为自己辩解："刘伶，古今达者，醉后何妨死便埋。"

古今文人大多是借酒消愁，唯独竹林七贤里的刘伶嗜酒不羁，将其奉为人间至乐。他喜好老庄之学，追求自由逍遥、无为而治，就连那篇传世的《酒德颂》都是他浸在酒坛中半醉半醒完成的。《晋书·列传第十九·刘伶》中记载："伶常乘鹿车，携一壶酒，使人荷锸而随之，谓曰：'死便埋我。'"酒能醉人，亦能令人清醒。刘伶沉浸于酒坛里，却能将生死置之度外。如此通透之人，堪为古今达者。

"浑如此，叹汝于知己，真少恩哉！"此句词人亦是借酒杯之言，抒发难言的愁意。于辛弃疾而言，杯中物与他相伴多年，早已将其当作人生一知己。欢喜时放歌纵酒，人生得意须尽欢；惆怅时把酒问天，但愿长醉不复醒。如今选择抛却，词人心中总有诸多不舍。

大多时候，酒之于辛弃疾，是比瓢泉的青山绿水还要好的倾诉对象。杯酒入肚，如烈火灼烧，更能燃起他藏匿已久的雄心。收复失地，恢复山河，这些零落的梦想，辛弃疾无人可说，只能和着酒一同饮入愁肠。这一次词人选择戒酒，实则是戒掉为家为国的忧愁。

然而这世间事实在难以捉摸，人们若是刻意做一件事，遇到的障碍往往会更多。辛弃疾想要戒酒，但这杯中物却百般不许。“更凭歌舞为媒。算合作平居鸩毒猜。”宴席上，酒凭着歌舞为媒介，频频出现在词人眼前。即使辛弃疾选择视而不见，而那杯中之物却还欢欣鼓舞地与他招手。

叹只叹人生何处不相逢，不论关乎杜康，还是关乎梦想，皆是词人从未真正放下的东西。眼前的山水不是真正的山水，手中的美酒也只是零落的理想。

“况怨无小大，生于所爱；物无美恶，过则为灾。”过犹不及的道理辛弃疾并非不懂，他亦知晓花看半开时，酒饮微醉处的美妙，却仍是放不想执着半生的念想。时代如此，乱世飘零，很多时候他更愿意相信水滴石穿迸发出的力量，幻想有一天大宋王师也能北定中原。

一心一意的力量虽然柔软却是无比强大，就像滴水能把石穿透。他始终相信，祖国终会山河一统。

稼轩在这首《沁园春》中振振有词，以主人的姿态向酒杯约定："勿留亟退，吾力犹能肆汝杯。"直说自己虽然诸病缠身，但仍有力量将酒杯摔坏。酒杯惶恐，颤巍巍道了一句："挥之即去，招则须来。"你让我走。我便离去。你再次召唤我，我便归来。

酒杯本无情，在辛弃疾笔下却多了几分灵动。世人都道人生如酒，酒如人生，谁又能说辛弃疾笔下的酒杯之言，不是他藏匿多时的心声呢？辛弃疾认定自己终有一日还会将其端起来，就像梦想，他在拿起与放下之间反反复复，从未彻底。

浮生若梦，不论沉醉还是醒透。有些事注定忘不了、戒不掉，一如北伐之于辛弃疾。

明年今日，瓢泉的山水中，仍旧是"一片春愁待酒浇，江上舟摇，楼上帘招"的光景。

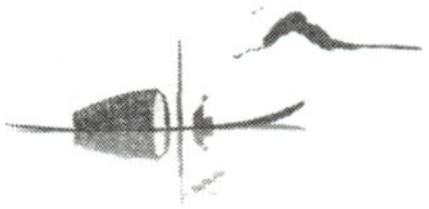

起知绍兴为生民

亭上秋风，记去年袅袅，曾到吾庐。山河举目虽异，风景非殊。功成者去，觉团扇、便与人疏。吹不断，斜阳依旧，茫茫禹迹都无。

千古茂陵词在，甚风流章句，解拟相如。只今木落江冷，眇眇愁余。故人书报，莫因循、忘却蓴鲈。谁念我，新凉灯火，一编太史公书。

——《汉春宫》

佛语有云：“前世有因，今生有果。”一个人的生命从开始到结束，一切早有注定。然而上苍就像一杆平稳的秤，在悲与喜的两端时刻保持着平衡。

世俗没有给辛弃疾这只雄鹰一个展翅高飞的契机，却于这纷飞的乱世里，给了他一片人间净土。瓢泉的山水纵然不能拯救一个薄弱的灵魂，却能为他打开人生的另一扇门。

瓢泉的四时风物里，没有繁华世相，只有宁静平安。辛弃疾生活在这里，以清酒为药引入诗入词，砌一堆小火慢煨良久，即是治伤的一剂良药。

有人说，人生如同煎药，所有伟大都需要慢慢“熬”。辛弃疾相信终有一天他也会于这一泓瓢泉水中熬出头，等到宋廷的再次传唤。

数年来，他虽然退隐田园，却从未停止关心乱世的格局。陆游在《送辛幼安殿撰造朝》一诗中称辛弃疾：“十年高卧不出门，参透南宗牧牛话。”可见辛弃疾虽然退居山林，看似过着投闲置散的隐居生活，但一直以来，他心心念念的仍是家国大事。

辛弃疾在这山林中时刻观望着南宋的时局，眼前的风物虽然平静如水，但他的心间早已随着这乱世起伏变得风起云涌。他从未忘却年少时跟随祖父登高时暗自许下的誓言——为天地立心，为生民立命，为往圣继绝学，为万世开太平。这句北宋大家张载的横渠四句，无疑成了辛弃疾毕生的追求。

花甲已过，辛弃疾回首看走过的路，虽然如履薄冰，走得格外艰辛，却是问心无愧。不论是奉表南归、滁州兴民，还是讨伐茶寇、创建飞虎军，每一件事他都做得精彩绝伦，为时人赞叹。而这一切于他而言，都只是为了离讨伐金贼的理想更进一步。

大多时候，梦想的使命是引领，而不是实现。即使后来辛弃疾被迫隐居，纵情山水，但他笔下的词句除了增添了几分田园的细腻柔美，大多还保持着铿锵有力，沉雄豪迈的风格。他注定是一个英雄，就算是落寞，也比常人多出几分魄力。

嘉泰二年，辛弃疾时年六十三岁，彼时他还居于铅山瓢泉，过着平静安宁的日子。可这天下的局势已然改变。金国北部的蒙古族日益强大，金国与蒙古族矛盾不断，时常爆发战争。古来有云："鹬蚌相争，渔翁得利。"辛弃疾日日坐观天下，发现此时正是南宋中兴的大好时机。他期待着宋廷能看到金国内忧外患的形势，起兵北伐，一举收复北方失地。

临安府的朝堂上，宋宁宗正在与丞相韩侂胄共商北伐大计。君臣一心，开始采取一系列加强武备、巩固边防的措施。韩侂胄作为提出北伐的代表，被加封平原王，希望大宋王师早日平定中原。

韩侂胄为了争取更多人支持北伐，即向宋宁宗建议启用一批主战派臣子。辛弃疾南归后历经四朝，实为主战派的元老，也被韩侂胄提名在册。关于这次北伐，《续编两朝纲目备要》中有载：“起参政张岩帅淮东，枢密程松帅淮西，盖以岩扬州人，松池州人，欲使护乡井也。又起侍郎丘密守四明，以防海道，起大卿辛弃疾帅浙东。”

命运如同水浪一般，时而波涛汹涌，时而平静无波。乱世无常，你永远也不知道人生的下一个岔路口，是黑暗还是光明。六十三岁的辛弃疾也未曾料到，他等待已久的梦想会在这个年纪开花。

宋宁宗嘉泰三年，六十三岁高龄的辛弃疾被起用为绍兴知府兼浙东安抚使。

当朝廷的诏令从临安的方向奔腾而来时，辛弃疾不似诗仙一般发出“仰天大笑出门去，我辈岂是蓬蒿人”的感叹，于他而言更多的是一种小心翼翼的欢喜，因为他等待的时间太久了，久到距离生命尽头只有四年时，才获得一次实现夙愿的机会。

烈士暮年，壮心不已。辛弃疾在接到诏令后，“不以久闲为念，不以家事为怀，单车就道，风采凛然”，火速赶赴绍兴就任，一颗爱国之心是一如既往的炽热。

虽然彼时的辛弃疾已经白发苍苍，但行事风格却丝毫不减当年的大气。辛帅一上任，便开始着手政事。他亲自考察浙东当地的情况，发现许多州县官吏横行乡里，强取豪夺，没有行惠民之策，反而做起了害民的行为。

辛弃疾深知浙东之地为南宋的经济重地，若不及时整治贪官污吏，必会危及朝政，阻碍北伐的进程。亲自勘察之后，辛弃疾不畏当地强权，决然向宋廷奏报浙东州县害农六事，为民请命。当时南宋的各个地方都在准备北伐，而浙东之地的稳定尤为重要，于是宋廷便批准了辛弃疾的奏疏，下派大臣到地方严格勘察，整治贪官污吏。

时光越走越远，早前的记忆已在辛弃疾的脑海中渐渐泛黄。唯独二十一岁时的那场战役依然鲜艳如初。那时在沙场上挥斥方遒的潇洒英姿，不管经过多少年，也未曾在辛弃疾的脑海中磨灭。他注定是战场上的英雄，纵使未能踏上战场，也要时刻为之准备着。

辛弃疾到浙东任上不足半载，却在此期间极力为民解忧，不仅协助朝廷整治了当地的贪官污吏，还大兴文风，在会稽修建了名垂千古的"秋风亭。"一如当年在滁州修建的"奠枕楼"一般，这座秋风亭一方面是为了便于文人游玩，往来唱酬，另一方面则是让人们远眺大宋山河，心存国恩。

这首《汉春宫》即是秋风亭建成之时，辛弃疾登临亭台时的即兴之作。

亭上秋风，记去年袅袅，曾到吾庐。山河举目虽异，风景非殊。功成者去，觉团扇、便与人疏。吹不断，斜阳依旧，茫茫禹迹都无。

千古茂陵词在，甚风流章句，解拟相如。只今木落江冷，眇眇愁余。故人书报，莫因循、忘却莼鲈。谁念我，新凉灯火，一编太史公书。

去年此时，秋风亭还未落成，辛弃疾还在瓢泉的故居里。那时候的稼轩先生，每日与诗酒为伴，立于一方之地，观望乱世时局。他深知北伐有望，只叹自己已是暮年，踏上战场的机会十分渺茫。那时，辛弃疾本有打算在瓢泉终老，却未曾预料原来临安府的朝堂上还有人记得他的功绩。

当朝廷的旨意下达至瓢泉时，他自是义无反顾，还未好好与这里的山水告别，便已踏上了赶赴绍兴的征途。不得不说，在时间面前，世人总是后知后觉地发现，韶光正以不可计算的速度飞驰而过。

辛弃疾此来浙东，一时不经意才发现，一年的时光也只在一瞬间。

他还记得去年来时，此处秋风袅袅，穿山过水而来，而今是“山河举目虽异，风景非殊”。虽然会稽的山河与济南故地的山河形状不同，但人物风情却很相似。譬如他们曾经都是大宋的子民，一样有着共同的祖先。

许是人到老年，更容易感知死亡的距离。辛弃疾心中总会生出一种落叶归根的念想。南归以来，他的词章里极少言及乡愁。不仅是为了提防朝中小人的弹劾，更是为了向宋廷明志，以彰自己甘愿奔赴战场的决心。此篇亦是如此，首先映入眼帘的是浓重的国愁而非乡愁。细细品味之后才发现，原来词人也曾将点点家恨藏于其中。

嘉泰三年秋，辛弃疾被召赴临安，不久后便要离开绍兴。告别是人生的常态，辛弃疾这一生除了在带湖闲居十年之久，很多时候都在告别，尤其是以功成身退的方式。他说：“功成者去，觉团扇、便与人疏。吹不断，斜阳依旧，茫茫禹迹都无。”功成之人离开，一如秋天变得寒凉。人们不再需要团扇，他亦害怕宋廷嫌他年迈再次将他挤到舞台的边缘。

“千古茂陵词在，甚风流章句，解拟相如。”斜阳依旧，秋风袅袅，野外已是荒草丛生，谁还记得治水英雄大禹当年的功绩？千年前，汉武帝笔下的《秋风辞》当真是一篇脍炙人口的好文章，传唱千古至今，如此美妙绝伦，怎么还有人说那是模仿司马相如的章句呢？

挥笔至此，辛弃疾不由得悲愤起来，却是无可奈何，只道一句：“只今木落江冷，眇眇愁余。”世间有太多无可奈何却阻止不了的事情，譬如秋风扫落叶，寒意侵江水。辛弃疾站在秋风亭上，抬首北望，只见北方大地一片茫茫，山河风物依旧，可半壁江山却是寸土未收。想至此处，心中未免生出诸多遗憾来。

人们行走于人生路上，总是在快到终点时才看清一些事情。辛弃疾亦是如此，飘零大半生之后，才发现原来故乡的风景才是最为美丽的。尤其是当他看到朋友来信催他回去吃莼羹鲈鱼时，他的思乡之情再也藏匿不住。

念及故乡，再联想自身当下的处境，他只觉得心境格外悲凉。只道：“谁念我，新凉灯火，一编太史公书。”有谁会想到在这个凄凉的秋夜里，辛弃疾独对孤灯，正在研读太史公写的《史记》呢？

人生好比一册《史记》，厚重的不是历史，而是后人在这本人生之书上做的注解。

辛弃疾此去临安，不问凶吉，只愿马革裹尸，为收复大宋江山倾尽全力。

备战镇江筹北伐

何处望神州？满眼风光北固楼。千古兴亡多少事？悠悠。不尽长江滚滚流。

年少万兜鍪，坐断东南战未休。天下英雄谁敌手？曹刘。生子当如孙仲谋。

——《南乡子》

谈及镇江，总是带有几分神话的色彩。当人们一脚跨进金山寺的大门时，便会不自觉去打捞《白蛇传》里的故事。尤其是当人们去过西湖的雷峰塔之后，再来此处，心中或多或少会对寺里的法海和尚感到不满。

然而历史上的金山寺，却不似神话里一般。它是一座禅意悠然的镇江古刹，是灵魂的净土。历史上的法海和尚也并非那般固执，而是一名遁入空门的得道高僧。

史书上说，镇江这座悠悠古城，原不叫做镇江，而被称为镇海。隋唐时期的长江入海口就在此地附近。当时这里海湾宽阔、风急浪大，唐德宗为聚财敛赋，特设镇海军。后来到了北宋初年，江南易主，宋太祖赵匡胤改镇海军为镇江军，镇江从此得名而历千年至今。

镇江此地，古来便是文人雅士集聚之地。这里不仅有底蕴深厚的文化故事，还是杜牧诗中“南朝四百八十寺，多少楼台烟雨中”的水天佛国。

东坡先生当年留给佛印和尚的玉带，至今被金山寺奉为镇山之宝。王安石当年途经此地，看到镇江的山水美景也不由得思念起故乡来，那句“春风又绿江南岸，明月何时照我还”被世人吟咏至今。

若说浩浩汤汤的长江是一条巨龙，那么镇江就是落在巨龙七寸之处的一座古城。此地背山面江，形势雄险，为镇守江防的要地，也是古来兵家必争之地。不仅承载着文人的风雅，也彰显着英雄的豪情。

宋高宗时期，“梁红玉擂鼓战金山”的战事就发生在此地。那时的辛弃疾还在江阴做签判，向张浚献计未果后，只能在北伐舞台的边缘静静地做一名观众。而这个故事的主人公便是时下著名的抗金名将韩世忠。

就在镇江此地，他取得了南宋为数不多的一次胜利。相传当时他只带领四千水兵就将几万金兵围困在金山附近，其夫人梁红玉在妙高台亲擂战鼓，为众将士鼓气助阵，最后成功击退金兵。

距离上次南宋起兵北伐，光阴已近三十载。辛弃疾站在时间的长廊里，感受着被岁月冲洗的南宋江山。几十年如一日，他唯一的梦想就是驰骋疆场，一寸寸地将大宋山河收回。

嘉泰三年秋，他应临安府诏令入京。此时的他已是六十四岁高龄，而这一年朝中的北伐之声渐盛，他作为主战一派元老，也被宋宁宗召入朝堂共商北伐大计。

这一刻，辛弃疾等得太久了，以至于心中生出一种“功成者去，觉团扇、便与人疏”的伤世之感。其实，他害怕的不是世人会忘记他的功名，而是宋廷不愿给他筹划的机会。此去临安，他的心中既有期待，也有忐忑。

临安府，朝堂上，辛弃疾极力表达自己对北伐的看法。他说：“夷敌必乱必亡，愿付之元老大臣，务为仓促可以应变之计。”希望朝廷可以从各个方面做足准备，积极筹划北伐。奏对之后，宋宁宗对辛弃疾赞许有加，即刻诏命辛弃疾出知镇江府，加强守备，以图进取。

镇江这个地方于辛弃疾来说是这乱世的风云之地，是英雄相争的军事要塞。他的好友陈同甫曾说过：“镇江连同三西，而大江揖陈，江榜社目千里。”在此处为官，要么名垂千古，要么粉身碎骨。

但他深知这或将是他最后一次纵马杀敌，重回北方的机会。因此他也不做他选，只管乘风破浪，一路斩棘。

为社稷，为生民。生于北方沦陷区的他，自是对金国有着深重的仇恨。他这一生都在渴望南宋收复中原，希望百姓过上安居乐业、没有压迫的生活。

备战镇江，是他来到此地两年里做的唯一一件事。不论是勘察地形、刺探军情，还是招兵买马、排兵布阵，他都亲力亲为，事无巨细。即使年至六十六岁，他的一身豪气也不输当年半分。

为北伐蓄力，为百姓谋福。辛弃疾只想在纷乱的俗世里，跟随自己的内心，行走于镇江的阡陌上，任凭身后战火连天，尸横遍野，都不再回头。

他注定是这乱世的英雄，而镇江则是他坚守理想的最后一座堡垒。过去他曾让梦想栖居在带湖和瓢泉的山水里，无声无息地睡着，但是现在他不仅唤醒了沉睡已久的初心，而且还是那般有情有义。这首《南乡子》既是他登临镇江北固楼时立下的宣言。以史明志，豪情万丈。

何处望神州？满眼风光北固楼。千古兴亡多少事？悠悠。不尽长江滚滚流。

年少万兜鍪，坐断东南战未休。天下英雄谁敌手？曹刘。生子当如孙仲谋。

若问镇江何处奇，当随春风去北固。北固山是镇江的一座奇山，峭壁如削，不仅因临江山色誉满江南，更因三国故事和唐诗宋词而名扬千古。六朝时，梁武帝萧衍登临此山，曾挥笔题下“天下第一江山”。近代陈毅元帅登上此山，不胜感慨，即说此处便是万里长江画卷。

来及镇江，北固山则是辛弃疾不得不登临的地方。

如同饮酒一般，登高亦是古人戒不掉的愁。南朝大家刘勰有云：“原夫登高之旨，盖睹物兴情，情以物兴。”布衣诗人谢榛在《诗家直说》中说道：“凡登高致思，则神交古人，穷乎遐迩，系乎忧乐，此相因偶然，著形绝迹，振响于无声也。”不论是登高怀古还是登高望远，他们总能将各种情绪寄托在一片高地之上。

满腹的愁情只有登临高处，才会迸发出汹涌的才思，而后化作一篇篇脍炙人口的诗篇。或悲不自胜，或热血澎湃，总归是后人凭吊的依据。

一句“何处望神州？满眼风光北固楼”，让此处的风景瞬间灵动起来。登临此山，满眼风光无限，确实能令人体会到“金焦两山小，吴楚一江分”的气势。

辛弃疾站在北固楼上远眺江景，看见的不仅有日益动荡的中原风云，还有千百年来连绵不绝的国家兴亡之事。他说：“千古兴亡多少事？悠悠。不尽长江滚滚流。”自古以来，这世间不知历经了多少变换。朝代几经更迭，历史无休无止，就如同这没有尽头的滚滚江水一般奔流不息。

“年少万兜鍪，坐断东南战未休。天下英雄谁敌手？曹刘。”遥想当年，孙权在青年时代就已统率了千军万马，占据东南之地坚持抗战，从未向敌人低过头。这天下的英雄也只有曹操和刘备能做他的对手了。如此少年英雄，意气风发，也非怪曹孟德说：“生子当如孙仲谋。”

江南细雨中的北固楼，木香袭人。滚滚东逝的长江水，浩浩荡荡。辛弃疾立于楼上，看着这两年亲自治理的镇江变得日益牢固，他的北伐愿望便也日益强烈。镇江此地，比之临安更能激起他内心的豪情壮志。

辛弃疾赞誉孙权，实则是在激励自身和南宋子民要发愤图强，早日收复失去的半壁江山。他虽然不如孙仲谋年少，但也要如他一般慷慨激昂。

无疑，他做到了。不管北伐结果如何，他都会义无反顾地迈向前方。

金戈铁马恍如梦

千古江山，英雄无觅孙仲谋处。舞榭歌台，风流总被雨打风吹去。斜阳草树，寻常巷陌，人道寄奴曾住。想当年，金戈铁马，气吞万里如虎。

元嘉草草，封狼居胥，赢得仓皇北顾。四十三年，望中犹记，烽火扬州路。可堪回首，佛狸祠下，一片神鸦社鼓。凭谁问，廉颇老矣，尚能饭否？

——《永遇乐》

人到暮年，好比一天行至黄昏。很多时候，夜幕降临总是要比旭日东升多几分哀伤。因为老去，向来是世人深感畏惧却不得不接受的一个事实。唐代诗人刘禹锡有诗云：“人谁不顾老，老去有谁怜。身瘦带频减，发稀冠自偏。”这寥寥几句伤时之语，恰是道出了世人在面对时间老去时的无可奈何。

不论你是否愿意接受，命运的天平却是从未失衡。它花了千万年的时间告诉人们，尝过尘世的种种烟火之后，就应该承担岁月的沧桑。若是选择百味皆尝，亲历每一寸光阴，那么也须接受所有的悲欢喜乐，都将在生命尽头化为一缕青烟，一吹即散。

杨绛先生说过，在夕阳的路上能走多远，取决于我们的体魄和心态。诚然，不论命运是一波三折，还是平坦通达，我们要做的不是悲天悯人，而是认真把握每一刻转瞬即逝的美好。

于辛弃疾而言，这一生离梦想最近的时候，除却少年，独剩暮年。张爱玲曾说，出名要趁早。此间确实藏匿着为人处世的道理，等到人们已经尝遍悲喜时才如愿以偿，那时的欢喜必是不如少年时的纯粹与痛快。执着之人更有甚者，或是落到范进的境地。

好在辛弃疾虽然执着，却也通透。功名纵是心头事，去留无意醉田园。北伐战场上，他愿做一个不避斧钺的战士；山水美景里，他只想成为一名酒社诗坛的词人。站在生命的尾端，他更是有一份“我醉欲眠卿且去，明朝有意抱琴来”

的豁达。

他能做的便是在罢官卸任时退居山林，在南宋有难时奋不顾身。当临安传来筹谋北伐的消息时，他欣喜若狂，纵然正值花甲之年，也毫不犹豫选择出山为国家效力。暮年的梦想虽然不再滚烫但尚有余温，关于北伐抗金一事，每一次机会他都不愿意错过。

起知绍兴，备战镇江。出山三年来，辛弃疾竭尽全力为北伐筹谋，一心想要奔赴战场，为南宋赢得荣光。可偏偏这世上的事大多时候都是不尽如人意的，就像黎明总是比黄昏更令人关注和憧憬。辛弃疾终究没等来他翘首以盼的机会，反倒是等来了又一次的弹劾。

开禧元年三月，辛弃疾在镇江守任，却被韩侂胄等人以“好色贪财，淫刑聚敛”的罪名弹劾罢官。这一年辛弃疾六十六岁，他原以为梦想丰腴如臀，却不料现实寒瘦如冰。三年的精心准备不过是一朵虚无缥缈的烟云，风一吹便散了。

走至人生的黄昏，辛弃疾早已看破这些无畏的弹劾。被罢职不久，他即离开镇江乘船返回瓢泉故居。

归途漫漫，当辛弃疾所乘之船渡过鄱阳湖沿信江逆流而上时，突然狂风大作，致使行船艰难。此情此景不由得勾起了稼轩内心的愤懑，就连笔下的词章也难掩他对宋廷的不满。他在《瑞鹧鸪》写道：“江头日日打头风，憔悴归来邴曼容。郑贾正应求死鼠，叶公岂是真好龙。孰居无事陪犀首，未应求封遇万松。却笑千年曹孟德，梦中相对也龙钟。”

人生之路从来不好走，正如这艘逆流而上的小船。在江面起起伏伏，稍有不慎便有可能葬身鱼腹。南归之后，辛弃疾的仕途何尝不是这般，在宦海中几度沉浮，到最后也不免落个罢官免职的境地。词中的“郑贾”“叶公”不正是临安的宋廷么？一次次召他出山，将他拉到舞台中央，又一次次将他放逐，放逐在梦想之外。

开禧二年，南宋正式下诏伐金。辛弃疾虽然再次退居瓢泉，但他对于韩侂胄等人不作充分准备就急于用兵感到十分忧虑。天纵英才如他，甚至预见到，若是韩侂胄等人坚持“无谋浪战”，必会招致和南朝宋武帝刘裕年间一样的结局，未经准备就草草北伐，必定惨败。

这首《永遇乐》即是北伐前夕辛弃疾登临镇江北固亭时所作。年少的悸动仍然存于心中，而梦想犹如一片无人的草原，在广袤的时间里，早已变得杂草丛生，一片荒芜。

千古江山，英雄无觅孙仲谋处。舞榭歌台，风流总被雨打风吹去。斜阳草树，寻常巷陌，人道寄奴曾住。想当年，金戈铁马，气吞万里如虎。

元嘉草草，封狼居胥，赢得仓皇北顾。四十三年，望中犹记，烽火扬州路。可堪回首，佛狸祠下，一片神鸦社鼓。凭谁问，廉颇老矣，尚能饭否？

辛弃疾从少年到暮年，已在人生道上行走大半，见过朝堂的尔虞我诈，也遇见过三两知己，曾身居高位建功立业，也曾躬耕山林醉心田园。而今历遍人世悲欢，他内心的好奇与憧憬逐渐变得稀薄，反而是年少时的往事在他脑海里日益清晰起来。

所谓往事，即是那些被时光席卷而去，却被自己始终铭记，不愿放下的故事。于辛弃疾来说，即是二十一岁那场被梦想包裹的战役。“想当年，金戈铁马，气吞万里如虎。”那时不论是斩杀金贼，还是生擒叛贼，辛弃疾想要奉表南归，收复中原的气势犹如猛虎，无人可挡。

辛弃疾立于北固亭上，回首过往年少，好似云里来梦里去。比之当下，他竟觉得南归前的生活就像前世一般。从绚烂走向平淡，从繁华归于寂寞，从当初的青葱少年变成而今的暮年老人，他也只得发出一声无力的叹息——千古江山，英雄无觅孙仲谋处。舞榭歌台，风流总被雨打风吹去。

距离三国已过千载，这世间却再也找不到像孙权那样“年少万兜鍪”的英雄了。千里江山依旧如故，舞榭歌台也被世人一路保存，却只是当年的英雄人物随着岁月的流逝早已化作一堆白骨。

叹只叹：“无可奈何花落去，似曾相识燕归来。”人在宏大的时间面前，终究只是一个无力的存在。然而历史的境遇是何其相似，相同的故事这个还未谢幕，那个便又开始了。如同南宋开禧年间的这次北伐，不正是南朝刘宋“元嘉草草，封狼居胥，赢得仓皇北顾”的真实写照么?

果真不出辛弃疾所料，北伐开始不久，宋军和金兵交战，很快就全线溃败。

站在生命的终点，他已无力拼搏，只得亲眼看着收复中原的梦想瞬间破灭，而后彻底从他的生命里销声匿迹。

“四十三年，望中犹记，烽火扬州路。”辛弃疾站在北固亭上极目远望，南归后四十三年的过往一幕幕浮现在他的眼前。他还记得那年烽火连天、战乱纷飞，扬州一带的百姓惨遭金军荼毒。这些当真是不堪回首的往事，可偏偏如泼墨的油画一般，存在于辛弃疾的脑海里鲜活如初。

他诚然是为这乱世而生，心中也从未放下击退金兵的梦想，然而烈士暮年，他已不是当年那只在梦想的天空里尽情翱翔的雄鹰了。战国时尚且有人问：“廉颇老矣，尚能饭否？”他寄居于瓢泉的山水里，却无人问津。

人生如戏，戏如人生。辛弃疾这一生，不论是在戏里还是戏外，演绎的从来都是一个悲情的角色。

英雄谢幕长辞世

过眼溪山，怪都似、旧时相识。还记得、梦中行遍，江南江北。佳处径须携杖去，能消几緉平生屐。笑尘劳、三十九年非、长为客。

吴楚地，东南坼。英雄事，曹刘敌。被西风吹尽，了无尘迹。楼观才成人已去，旌旗未卷头先白。叹人间、哀乐转相寻，今犹昔。

——《满江红》

这世间的故事，大多是有着美丽的开始，却总是以落寞收尾。生命不过短短几十载，虽说不同的人可以弹奏出不同的人生，但却没有一朵花抵得过凋谢的命运。

白落梅说，一出戏从开始到落幕，谁都不是主角，谁又都是主角。因为台上的人演绎的是台下人的寂寞悲喜，而台下的人看到的是台上人的云散萍聚。等到尘缘尽时，潋滟人生皆是虚幻，真的没有什么再值得去悲痛。

浩浩荡荡的历史长河里，辛弃疾既在戏里又在戏外。他曾站在南宋的舞台上挥舞北伐的旗帜，也曾寄居在上饶的山水里观望这乱世的格局。在那个时代，他是台上的英雄，也是台下的观众。

南归四十余年，他在官场中几经起伏，早已从当初那头热血沸腾的“青兕”变成现在这个宠辱不惊的暮年老人了。所以在面对朝廷再次罢官时，他没有辩解和挣扎，而是毅然转身再度返回瓢泉故居。

一直以来，落叶归根的思想深深地根植于国人心中。古语有云：“叶落归根，来时无口。”漂泊在外的人到了暮年，归家的念头总是比年轻的时候更为强烈。这一年，他已经六十六岁了，诚然是一个白发苍苍的老人。重回瓢泉固然是一件令他欢喜的事，然而济南故地才是他心底永久的牵挂。

事与愿违，从来都是这世上大多数人的处境。南宋王师一日未收复北方失地，辛弃疾重回故乡的希望就减少一分。漂泊在外的日子，他只能对着夜空中的一轮残月纵声高歌。他说：“花在杯中，月在杯中。今宵楼上一尊同。”只有手里的酒，天上的月才能懂得他思乡的情愫。

时局无奈，辛弃疾终其一生也未能实现收复中原的梦想，故而出生在北方的他，此一生都不能叶落归根。

开禧北伐罢归后，南宋已然榱栋崩折。辛弃疾退隐瓢泉，心情十分悲郁，即使他有心报国，却已经失去了报国的气力。开禧三年，他重返铅山后，身体每况愈下，精神更是不济。

是年，南宋派使者方信孺前往金国议和。金国却先将其下大狱，而后虚声恫吓，但方信孺坚定立场绝不妥协。金国欺南宋国力衰微，竟然提出若是南宋愿对其称臣，则以江淮之间取中划界；若称子，则以长江为界，但要斩韩侂胄等元谋奸臣，函首以献，增加岁币，方可议和。韩侂胄听后大怒，决意再次整兵出战。

然而大宋王师历经一年北伐，且屡屡失败，早已不复战前士气。辛弃疾看着南宋军队节节败退，身陷囹圄，却只能发出一声声无力的叹息。

瓢泉的山水充盈着太多的诗意，本是暮年辛弃疾的疗伤佳境，然而这次北伐失败却成了他此生再也迈步过去的一道鸿沟。只叹这乱世虽狂风大作，却从来没有吹走他心中的阴霾。

是年九月，北伐之势由进攻转为防守，此时的南宋江河日下，犹如一个站在悬崖边的巨人，稍有不慎即会跌入无底深渊。此时朝廷欲重新启用辛弃疾，任命他为枢密院都承旨，并令其火速赴职。辛弃疾接到诏令，既喜又悲，喜的是宋廷最后还是肯定了他的才能，悲的是此时就算他再想高歌纵马、意气风发，也很难从病榻上爬起来。

悲喜交加之余，他只能艰难行书上奏以求致仕。这条注定不凡的英雄路，当初是他自己选择踏上的，如今也必将由他亲自斩断。

朝廷批准了他的奏乞，并在下达的陈乞中写道："具官某蕴识疏明，临机果毅，功名自许，早已负于奇才；险阻备尝，晚益坚于壮志。事我烈祖，逮于冲入，畴其外庸，登之法从。"此一生，辛弃疾以气节自负，忧国忧民，将收复中原当作自己的使命，南归后更是兢兢业业，致力于社稷民生，在他曾经到任的每一个地方都撑起了一片天。

如今致仕，宋廷给予的评价也算是公允，只是辛弃疾却是再也看不到了。他还未等及朝廷的批复便已离开了人间。史书上说，他离世之前还在喊着斩杀金贼，收复失地。然而此一生他的这个梦想终究没能实现，非怪他专注执着，夙愿难偿，只怨这时代凋零，乱世无常。

山水瓢泉却是得意，因为稼轩先生此次回归，就永远不会离去。铅山县十五里外的阳原山上，一代英雄豪杰辛弃疾骨归葬于此。此后的千年万年，这里都是他的故乡。

此前，辛弃疾罢官归家时也曾途经此处，当时他的心中虽有万千感慨，却不曾想过这里会是埋葬他一身忠骨的地方。当年此地，他只留一首《满江红》在此处沉寂千年。千载过后，后人伏在书案前左顾右盼，寻找多时，发现还是以这首词作来缅怀他悲壮的一生最为合适。

过眼溪山，怪都似、旧时相识。还记得、梦中行遍，江南江北。佳处径须携杖去，能消几緉平生屐。笑尘劳、三十九年非、长为客。

吴楚地，东南坼。英雄事，曹刘敌。被西风吹尽，了无尘迹。楼观才成人已去，旌旗未卷头先白。叹人间、哀乐转相寻，今犹昔。

最后一次回到瓢泉，辛弃疾的心态因为北伐失败而掀起一层层滔天巨浪，不仅重击了他北伐的信念，还冲垮了他年迈的身体。那段时间，他清醒地认识到一生执着至此，他的梦想仍然是一个逗号。生命将暮，南宋的形势却是愈发不济，实在是可悲可叹。

退隐铅山的日子里，大抵是生命将尽，往事如潮水般一件件向他涌来，他才觉得眼前的山山水水，都似曾相识。可不是吗？他出生的济南故地有山有水，如今在他即将离去的地方也是山水环绕。青山有情，流水有义，难免令他生出几分感慨：“过眼溪山，怪都似、旧时相识。”

自南归至今，他屡经颠沛流离，宦游多地，几近走遍南宋的万里江山。即将行至命运终点时他“还记得，梦中行遍，江南江北”。在他眼里，江南江北的风景并无不同。那些山川河流一样都是大宋江山的一部分。若要前去游玩，只需带上手杖，穿几双木屐就可以走遍了。

可叹的是，南归四十余载，他即使踏遍江南江北，却依旧长身为客。他用青春、信仰和生命来效忠的大宋，终究未能收回中原故土。稼轩落笔之处，皆是遗憾。

片片落叶飘入瓢泉，如蜻蜓点水，引起水面泛起一圈圈涟漪。倘若辛弃疾此一生都与苍松翠柏，叠翠山峦为伴，做个平凡普通的人，不去看这乱世的风云，未尝不是一种安稳的生活。只是自他还未出生时，祖父辛赞便已开始为他铺就一条英雄之路。他生来即注定要踏上这条一往无前且永远不能再回头的路。然而生在乱世，尤其是北方沦陷区，谁又能独善其身。

他的命运从来由不得自己做选择。如今大限将至，他看着昔日一统的江山被分割为南北两半，至今仍未收回，也只得叹一句：“吴楚地，东南坼。英雄事，曹刘敌。被西风吹尽，了无尘迹。”

曹操、刘备皆是三国时期的英雄，可惜的是，他们的故事都已成为旧时历史，除了阵阵西风偶尔吹来，令一些壮志未酬的人思绪满怀，忆起他们的昔日在战场上的刀光剑影，于这世间，他们已是了无痕迹。

“楼观才成人已去，旌旗未卷头先白。”最令稼轩悲叹的是三国的那些英雄都已化作云烟，而自己满头白发却还是壮志未酬。

辛弃疾站在死神面前回想往事，果真应了那句，朝花夕拾，捡到的尽是枯萎。

佛家有云：“一切相分，皆是心影；一切见分，皆是心光；一切自证分，皆是心体；一切证自证分，皆是心性。”诚如是，人们应该看淡这世间的得失与成败，去追求内心的一份平静。毕竟光阴一闪而过，英雄也会变成枯骨。正如辛弃疾所言：“叹人间、哀乐转相寻，今犹昔。”自古以来，人世间的悲欢喜乐，不过是在循环往复，如此而已。

生命之于世人，本是一件快乐的事情，却总是在消逝时令人感到分外悲伤。诚然如此，我们原不该再去撕扯八百年的一段往事。因为我们早已知晓结局，便不能让伤口再次流血疼痛。

只是有时候，我们读罢一首诗，一曲词，总是想了解一个人更多的信息。那时的心境，是宁愿剖开寸寸历史，发掘他的前世今生，也不会做一个宽容的人，只将这一首诗词煮成一壶清茶，在唇齿间留下一缕芬芳。那时的我们也未曾料到，当真的把一个人的前尘往事了解透彻后，唇间的那一缕芬芳却变成了无穷无尽的苦涩。

事实如此，皆因我们都不是命运的囚徒，在面对许多事情时都有自己的抉择。辛弃疾亦是如此。彼时，他是南宋的“我们”。当世，他是我们甘愿为之剖开历史的词坛飞将。纵然与他距离近千年的时光，但千年来他的笔墨顺着岁月流淌，惠及每一个有缘人。他用亲身经历告诉世人，苦过之后，自然回甘。

后人应该庆幸，他还遗留下来这样一册血泪交织的英雄词卷，给世人一个偶然的契机，回到那个战火纷飞的年代，与他一同成长，一同南归，一同在战场上厮杀，一同在山水里烂漫，一同寂灭，而后重生。